VERLAG ANTJE
KUNSTMANN

CHRISTIAN MAINTZ (HG.)

Vom Knödel wollen wir singen

Kulinarische Gedichte

VERLAG ANTJE KUNSTMANN

© dieser Anthologie: Verlag Antje Kunstmann GmbH,
München 2018
© der einzelnen Beiträge siehe Quellenverzeichnis.
In wenigen Fällen ist es nicht gelungen, die Rechteinhaber
ausfindig zu machen. Wir bitten ggfls. um Nachricht an den Verlag
Umschlag: Michael Sowa
Typografie + Satz: Schuster & Junge, München
Druck und Bindung: Pustet, Regensburg
ISBN 978-3-95614-256-7

INHALT

I'm gonna sing: hey Zwiebelring

KOCHKUNST UND KOCHREZEPTE

Wie wär's mit einem Borschtsch?

Ich nehme erstens zirka sieben
Fein abgeschälte rote Rüben.
Dann hacke ich den Weißkohl klein,
Tu Zwiebel, Salz und Essig rein.
Mit Hammelfleisch muss das nun kochen,
Auf kleiner Flamme, sieben Wochen.
Jetzt Kaviar mit Wodka ran
Nebst Zimt und frischem Thymian.
Nun schütte ich das Ganze aus
Und ess am besten – außer Haus.

WILHELM BUSCH
Pfannkuchen und Salat

Von Fruchtomletts, da mag berichten
Ein Dichter aus den höhern Schichten.
Wir aber, ohne Neid nach oben,
Mit bürgerlicher Zunge loben
Uns Pfannekuchen und Salat.
Wie unsre Liese delikat
So etwas backt und zubereitet,
Sei hier in Worten angedeutet.
Drei Eier, frisch und ohne Fehl,
Und Milch und einen Löffel Mehl,
Die quirlt sie fleißig durcheinand
Zu einem innigen Verband.
Sodann, wenn Tränen auch ein Übel,
Zerstückelt sie und mengt die Zwiebel
Mit Öl und Salz zu einer Brühe,
Dass der Salat sie an sich ziehe.
Um diesen ferner herzustellen,
Hat sie Kartoffeln abzupellen.
Da heißt es, fix die Finger brauchen,
Den Mund zu spitzen und zu hauchen,
Denn heiß geschnitten nur allein
Kann der Salat geschmeidig sein.
Hierauf so geht es wieder heiter
Mit unserm Pfannekuchen weiter.
Nachdem das Feuer leicht geschürt,
Die Pfanne sorgsam auspoliert,

Der Würfelspeck hineingeschüttelt,
So dass es lustig brät und brittelt,
Pisch, kommt darüber mit Gezisch
Das ersterwähnte Kunstgemisch.
Nun zeigt besonders und apart
Sich Lieschens Geistesgegenwart,
Denn nur zu bald, wie allbekannt,
Ist solch ein Kuchen angebrannt.
Sie prickelt ihn, sie stockert ihn,
Sie rüttelt, schüttelt, lockert ihn
Und lüftet ihn, bis augenscheinlich
Die Unterseite eben bräunlich,
Die, umgekehrt, geschickt und prompt
Jetzt ihrerseits nach oben kommt.
Geduld, es währt nur noch ein bissel,
Dann liegt der Kuchen auf der Schüssel.
Doch späterhin die Einverleibung,
Wie die zu Mund und Herzen spricht,
Das spottet jeglicher Beschreibung,
Und darum endet das Gedicht.

WIGLAF DROSTE
Sitting Küchenbull

I'm gonna sing: hey Zwiebelring,
auch du, my little chicken wing,
swing her zu mir, zu Mutter.
I wanna shout out Sauerkraut,
yeah, shout it loud and shout it proud:
Ich spare nicht mit Butter.

Cry me a river Spiegelei,
auf einem Berg Kartoffelbrei
I do it mit Spinat.
Yes, I will croon the Freilandhuhn,
vom white wine ist es schon ganz duhn
und innendrin sehr zart.

Mein Lieblingsduft heißt Rotweinhauch,
I'll never need no Waschbrettbauch,
ich stemme keine Hantel.
Ich steh am Eigenherd und brat',
I'm gonna fart the Zwiebeltarte
im coolen Schinkenmantel.

Hoch in der Gunst steht Bratendunst.
Was ist die wichtigere Kunst,
das Kochen oder's Singen?
Dies ist mein erstes Menschenright:
I'm gonna fight for Essenszeit! – – –
Man mag den Nachtisch bringen.

Eugen Roth
Das Schnitzel

Ein Mensch, der sich ein Schnitzel briet,
Bemerkte, dass ihm das missriet.
Jedoch, da er es selbst gebraten,
Tut er, als wär es ihm geraten,
Und, um sich nicht zu strafen Lügen,
Isst er's mit herzlichem Vergnügen.

ALEX DREPPEC
Schöpferkelle

Wer Schnittlauchverschnitt in den Quark reinhaut,
wer mit Bohnenkraut den Bohnen Kronen baut,
macht auch Geflügel, das alle beflügeln kann.
Also nehm' ich die Schürze und gebe Würze dran.
Sie werden sich um diese Nudeln prügeln:
Ich werde den Teig mit dem Nudelholz bügeln
und schließlich die edelsten Adelsnudeln
ganz ohne zu hudeln mit Soße besudeln.
Wir planen die weltbesten Kirschtorten
da, wo wir im Kochtopf den Hirsch horten.
Die Scholle wird, statt sich ins Meer noch zu retten,
sich freiwillig in feinen Meerrettich betten!
Wundern wirst du dich: Einst wird bis nach Flandern
die Kunde von unseren Flundern noch wandern.
Nach Schmoren, Sieden, Brodeln kommt's Schmatzen.
Und dann lassen wir noch die Eisbombe platzen.

MAX GOLDT
Senf drauf

Wenn es Sie am Knie friert
und Ihr Hamster ständig Brecht zitiert,
tun Sie Senf drauf.

Wenn es Sie am Decoltee juckt
und grad keiner hinguckt,
tun Sie Senf drauf.

Verworrene Finanzen?
Düstere Bilanzen?
Tun Sie Senf drauf.

Das deckt einfach fabelhaft
und kostet nicht viel Geld.
Es fördert auch die Landwirtschaft
in der Dritten Welt.

Hat Ihre Limousine Beulen?
Hör'n Sie auf deshalb zu heulen!
Wenn Ihre Fernsehhäppchen schimmeln
und im Aufschnitt Würmer wimmeln,
schickt die Post nur Mahnbescheide
und Prospekte über Werbefahrten in die Lüneburger Heide,
tun Sie Senf drauf,
einfach Senf drauf.

WILHELM BUSCH
Es wird mit Recht ein guter Braten

Es wird mit Recht ein guter Braten
Gerechnet zu den guten Taten;
Und dass man ihn gehörig mache,
Ist weibliche Charaktersache.
Ein braves Mädchen braucht dazu
Mal, erstens, reine Seelenruh,
Dass bei Verwendung der Gewürze
Sie sich nicht hastig überstürze.
Dann, zweitens, braucht sie Sinnigkeit,
Ja, sozusagen Innigkeit,
Damit sie alles appetitlich,
Bald so, bald so und recht gemütlich
Begießen, drehn und wenden könne,
Dass an der Sache nichts verbrenne.
In summa braucht sie Herzensgüte,
Ein sanftes Sorgen im Gemüte,
Fast etwas Liebe insofern.
Für all die hübschen, edlen Herrn,
Die diesen Braten essen sollen
Und immer gern was Gutes wollen.
Ich weiß, dass hier ein jeder spricht:
»Ein böses Mädchen kann es nicht.«
Drum hab' ich mir auch stets gedacht
Zu Haus und anderwärts:
Wer einen guten Braten macht,
Hat auch ein gutes Herz.

Joachim Ringelnatz
Rezept

Man mische 7 Pfund Palmin
Mit gleichviel Milch und Terpentin.
Dann füge man ein Hühnerei
Und etwas Öl nebst Essig bei.
Dies nun zu festem Brei gerührt,
Wird dann in einen Strumpf geschnürt.
Das Ganze lässt man 13 Wochen
In lauem Seifenwasser kochen.
Dann wird es mit Gelee garniert
Und im verdeckten Topf serviert.
(Doch halte man zu rechter Zeit
Ein offnes Töpfchen sich bereit.)

WIGLAF DROSTE
Heiße Hühnersuppe heilt

Wenn Schleim auf deinen Bronchien liegt,
wenn Grippe dich schon unterkriegt,
wenn grüner Schnotten zäh verweilt:
Heiße Hühnersuppe heilt.

Gliederschmerzen? Ach und Weh?
Schädelbrummen? Ziepezeh?
Du fühlst dich wie durch vier geteilt?
Heiße Hühnersuppe heilt.

In die Supp' hinein gehören
Porree, Sellerie und Möhren,
Knoblauch, Pfeffer, Salz und Chili,
Zwiebeln, Honig, Ingwer, Curry.

Und ein Maishuhn, gelb und fett,
köchelt im Aromabett.

Um sich königlich zu runden,
braucht die Sache gut drei Stunden.
Dann entfernt man, das muss sein,
Hühnerhaut und Hühnerbein.

Mancher in der Tischfamilie
wünscht ein Sträußchen Petersilie
in die Suppe eingestreut,
weil ihn das auch farblich freut.

Köstlich wird die Suppe munden,
dich vom Kranken zum Gesunden
wandeln und dir Kräfte geben,
Energie und Schwung zum Leben.

Denn es ist ein Heidenspaß,
laut zu sagen: Ich genas!

Dieses gilt für alle Kinder,
Finnen, Iren, Briten, Inder,
Israelis, Indonesen:
Alle sind sie flink genesen.

Endlich kann man wieder trinken,
feiern, singen, süß versinken.
Alles nuckelt an der Fluppe
dank der guten Hühnersuppe.

Krankenwelt, du bist gemeistert,
formidabel! Schwer begeistert
ruft der Franzmann im Gestrüpp:
'ühnersüpp! 'eil 'ühnersüpp!

Weil die Nachricht ihn ereilt:
Heiße Hühnersuppe heilt.

Der Wein war ein Gedicht

Kartoffeln schälen,
Möhren schaben,
derweil mich schon am Weißen laben.
Fisch beträufeln
und gelassen
den Roten abseits atmen lassen.

Tomaten vierteln,
Schoten waschen,
na gut – nochmal vom Weißen naschen.
Fischbett machen,
Ofen wärmen,
vom Bukett des Roten schwärmen.

Fisch ins Bett,
Bett ins Rohr,
schmeckt der Weiße nach wie vor?
Durchaus! Chapeau!
War auch nicht billig
Der Rote riecht extrem vanillig.

Geiter Zwang –
Quatsch: Zweiter Gang!
Weißer – bist ein guter Fang!
Wühnchen haschen?
Hühnchen waschen!
Wird daschu der Rote paschen?

Mussich kosten –
Junge Junge,
Der liegt ewig auf der Zunge!
Tut mir lei – Hicks –
Tut mir leiter!
Dagegen ist der Weiße Zweiter!

Huhn muss raten?
Braaten! Rohr!
Fisch vergessen – kommt mal vor!
Kann nix machen,
Muss zum Müll.
Der Rote macht mich lall und lüll.

Dummes Huhn,
Bis morgen dann.
Heut leg' ich keine Hand mehr an
dein Fl – dein Fl –
dein tzartes Fleisch
Wo far denn noch die Wlasche gleisch?

Versteckdichnich!
Ich finde dich!
Heutkochichnich heuttrinkichdich!
Da bissuja,
mein roter Bruder,
Dadí Dadú Dadí Dadúda!

Gunnar Homann
Hobbyköche

Wie beseelt sie alle kochen –
Jeder Paul gleich ein Bocuse!
Schon die Saucen dauern Wochen,
Feurig, cremig, fruchtig-süß.

Düfte füllen ihre Küchen,
Bringen uns um den Verstand,
Attackiert von Wohlgerüchen
Schielen wir hinauf zur Wand,

Wo zwei Zeiger vorwärtsschleichen,
Tick und tack und tack und tick,
Und der Maître macht ein Zeichen –
»Leider noch nicht fantastique.«

Hungrig werden wir zu Zeugen
Seiner hohen Kochkultur.
Und als gute Geiseln beugen
Wir uns seiner Prozedur,

Lauschen seinem Lobgesang
Auf den neuen Alubräter,
Stoßen mit dem Meister an
Auf das Bratenthermometer,

Hören ihn die Tiegel preisen,
Seinen Herd, den Messerblock,
Und bevor wir endlich speisen,
Kriegen wir auf Pommes Bock.

FRIEDRICH HOLLAENDER
Stroganoff
Eine Ballade

Stroganoff, ein Großfürst einst am Zarenhof
– wo sonst? –
War ein eifersücht'ger Gatte,
Der in Omsk, gleich bei Imsk,
Und nur vierzehn Werst von Umsk,
Ein großes Gut – was für'n Gut!
So ein Gut! Na, schon gut!
Kurz und gut: ein Gut von tausend Seelen hatte.
Wieso Seelen? Lass'n Sie mich erzählen!
Das ist russisch, echt russisch!
Jeder Russe, der hat Seelen … was weiß ich?!
Hei, Hei!

Und auf dem Gut – seinem Gut,
Da in Omsk, gleich bei Imsk,
Um die Ecke rum von Umsk,
Lebte auch seine schöne Frau – wo sonst?
Und dass sie schön war, wusste er …
Und außer ihm noch Pjotronoff
Und Krotzkuloff und Rotzkuloff
Und Rutschnikoff und Schtrutschkinoff
Und ganz besonders Schmutschkinoff –
Ziemlich viele wussten dieses ziemlich gut
Von dem Gut! Ist das gut??
Gar nicht gut! Aber echt russisch!
Hei, Hei!

Stroganoff hat viel zu tun am Zarenhof
– wo sonst? –
Und zu Haus bleibt seine Schuschka,
Bleibt in Omsk, gleich bei Imsk
Und nur vierzehn Werst von Umsk!
Nicht viel los da, in Omsk,
Nicht in Imsk und nicht in Umsk …
Ganzen Tag liegt sie im Bett, das arme Mütterchen!
Wieso Mütterchen? Fragen Sie Tolstoi!
Das ist russisch, echt russisch:
Jeder Russe ist ein Mütterchen – was weiß ich?
Hei, Hei!

Doch auf dem Gut, dem Nachbargut
Nicht in Omsk und nicht in Umsk,
Bisschen weiter weg: in Emsk,
Lebt besagter Schmutschkinoff – ein Schwein!
Und eines Tages spannte er vor seinen Schlitten
Die schwarze Stute Krasnucha,
Die braune Stute Schtrasnucha
Und Wlasnucha und Jasnucha
Und vorneweg noch Prasnucha …
Und er knallte mit der Peitsche und fuhr stracks
Zur schönen Schuschka
Auf das Gut? Ist das gut?
Gar nicht gut!! – Aber echt russisch!
Hei, Hei!

Ach leider geniegt nicht, dass über den Schkandalsky
Ich mit Diskretionsky den Vorhang lasse fallsky!

Denn unvermutet stand in der Tür: Stroganoff!
Und aus dem Bett sprang der Liebhaber
In hohem Boganoff!
Oi-joi-joi-joi-joi!

Antworte, Hund, verfluchter, bis ich bis drei zähle:
Nahmst du nur ihren Körper, oder nahmst du auch ihre Seele?
Und hätt er gesagt: Nur den Kerper, Väterchen Stroganoff! –
Wär nicht passiert, was jetzt passiert ist,
Väterchen Schmutschkinoff!
Oi-joi-joi-joi-joi!

Tag darauf sitzt Stroganoff im Kaffeehaus
– wo sonst? –
Und es fragen ihn die Freunde:
Was war los bei dir in Omsk?
Man hat dich schrein gehört bis Imsk –
Nicht viel los da, in Omsk,
Einer sagt sogar: bis Umsk!
Und man spricht, dass deine Schuschka
Hat mit deinem Freund gemacht ein bisschen Schmuschka!

»Bisschen« hätt ich noch verziehn –
Das ist russisch, echt russisch!
Aber die Vertraulichkeit geht zu weit – tut mir leid!
Heda, Wirt! Bring mir ein Filet!
Aber roh! Größe: So!
Und dazu ein großes Messer!
Kann ich zeig'n meinen Freunden besser
Mit Messer,

Was ich gemacht mit Schmutschkinoff –
Ffft! Ffft!
Und mit dem Messer – heijuchhe! –
Sticht Stroganoff in das Filet!
Und kreuz und quer und hin und her
Sieht gar nicht wie Filet aus mehr!
Ohne Lücke haut er es in tausend Stücke,
Voller Wut! Ist das gut??
Das ist gut!! Und so echt russisch!
Hei, Hei!

Kein Ballett jetzt!
Kein Ballett jetzt!
Stört Erzählung kolossal!
Nein, ich will hier kein Ballett jetzt,
Himmelsakrament nochmal!

Stroganoff winkt gnädig jetzt den Küchenchef zu sich:
Hier mein Freund, mit Dank zurück
Das geborgte Lendenstück!
Das im Zweikampf, wie ein Held,
Den Ehebrecher dargestellt!
Aber jetzt trag's in die Küche!
Du kannst gut sehn, Väterchen, ich kann kein Blut sehn!
Koch, in Tränen, schreit: Ojeh!
Wer wird essen das Haschee?
Ist zerhackter Schmutschkinoff,
Aber kein Filet!

Ganz zerstickelt liegt's im Topf!
Küchenbub mit rotem Kopf
Fragt: Was soll damit geschehn?
Was soll ich hineintun noch, Väterchen Koch?
Von mir aus, was du willst, tu rein!
Frisst doch kein Schwein!
Ob saure Sahne, Zwiebelring,
Ob Paprika, ob Pfifferling!
Doch als man's auf das Feuer tut,
Jeder fragt: Was riecht so gut?
Alle Gäste kosten, reiben sich den Bauch:
Hahaha! Will ich auch!
Hahaha! Tu mir eins schmoren!
So wurde Glanzstück von Souper,
Wurde greeßtes Frikassee,
Wurde Stroganoff-Filet geboren!

Sei mir gegrüßt, mein Sauerkraut

HAUPTMAHLZEITEN UND HERZHAFTES

OTTO JULIUS BIERBAUM
Das Mittagessen

Fehlt dir, o Mensch die Harmonie
In deinem Innenleben,
So wird dich eine Symphonie
Zu reinen Höhen heben.

Aus Sauerkraut besteht sie und
Schweinshaxen, rosig runden,
Und war dein Herze noch so wund,
Es wird sogleich gesunden.

HEINRICH HEINE
Deutschland, ein Wintermärchen
Caput IX

Von Köllen war ich drei Viertel auf acht
Des Morgens fortgereiset;
Wir kamen nach Hagen schon gegen drei,
Da ward zu Mittag gespeiset.

Der Tisch war gedeckt. Hier fand ich ganz
Die altgermanische Küche.
Sei mir gegrüßt, mein Sauerkraut,
Holdselig sind deine Gerüche!

Gestovte Kastanien im grünen Kohl!
So aß ich sie einst bei der Mutter!
Ihr heimischen Stockfische, seid mir gegrüßt!
Wie schwimmt ihr klug in der Butter!

Jedwedem fühlenden Herzen bleibt
Das Vaterland ewig teuer –
Ich liebe auch recht braun geschmort
Die Bücklinge und Eier.

Wie jauchzten die Würste im spritzelnden Fett!
Die Krammetsvögel, die frommen
Gebratenen Englein mit Apfelmus,
Sie zwitscherten mir: »Willkommen!«

»Willkommen, Landsmann« – zwitscherten sie –,
»Bist lange ausgeblieben,
Hast dich mit fremdem Gevögel so lang
In der Fremde herumgetrieben!«

Es stand auf dem Tische eine Gans,
Ein stilles, gemütliches Wesen.
Sie hat vielleicht mich einst geliebt,
Als wir beide noch jung gewesen.

Sie blickte mich an so bedeutungsvoll,
So innig, so treu, so wehe!
Besaß eine schöne Seele gewiß,
Doch war das Fleisch sehr zähe.

Auch einen Schweinskopf trug man auf
In einer zinnernen Schüssel;
Noch immer schmückt man den Schweinen bei uns
Mit Lorbeerblättern den Rüssel.

Carl Zuckmayer
Das Essen

Ein Mensch beim Essen ist ein gut Gesicht,
Wenn er nichts denkt und nur die Kiefer mahlen,
Die Zähne malmen und die Blicke strahlen
Von einem sonderbaren Urweltlicht.

Vorspeisen sind wie Segel über Buchten,
Schlank und zum Hafen schnellend in erregter Fahrt,
Indes die schweren Fleischgerichte wuchten
Gewaltig über Wiesen und Gemüsen zart.

Welch ein entzücktes Spiel: zu hohen Festen
Erlesner Bissen Liebreiz zu erflehn,
Und welche Lust: sich mächtig vollzumästen
Satt und mit Saft gefüllt vom Hals bis zu den Zeh'n.

Fischfleisch ist weiß und heilig oder rosen,
Und manchmal rauchgebeizt und lauchgewürzt.
Auch kleine Fische gibt's in blanken Dosen,
Die man wie Schnäpse jach hinunterstürzt.

Wildbret: Du Perle Cumberlands, von edler Fäule
Und nackter Horden rohgebratner Fraß!
Wohl dem, der Schneehuhn oder Rentierkeule
(Gespickt mit Sahne) hoch im Norden aß.

Beefsteak tatare ist fast so stark an Gnade
Wie ein am Grill gebratnes Lendenstück.
Und viele Götter leben im Salate,
Saftrot und samenkerngeschwellt das Weib Tomate,
Und grünes Kraut im Frühling ist ein wahres Glück.

Wenn du Kartoffeln oder Spargel ißt,
Schmeckst du den Sand der Felder und den Wurzelsegen,
Des Himmels Hitze und den großen Regen,
Die kühlen Wässer und den warmen Mist.

Laßt mich hier schweigen vom Besoffensein,
Vom tiefsten, tödlichsten Hinübergleiten,
Vom hellsten, wachsten Indiewindereiten,
Die Welt ist groß und unser Wort ist klein.

Laßt mich hier schweigen von dem Blutgericht
Geheimster Liebe in verrauschten Zeiten –
Laßt mich nur essen, dankbar und bescheiden –
Ein Mensch beim Essen ist ein gut Gesicht.

BASTIAN BÖTTCHER
Sushi

Sinnesscharfe Klingen splitten Sake Filet,
spalten Sashimi, schlitzen Surimi.
Blütenweißer Reis taucht in Kikkoman Soja.
Algen Lagen wickeln sich um Goodies à la California.
Makis drippen vom Dippen. – Nigiris suppen.
Wir nippen an Nippons Lippen bis tief in die Puppen.
Poppen flaschenweise Piper. Kippen Gläser aufm Teppich. –
Dann wieder StickyRice mit ChopSticks in kompakten Paketen.

Ernst Jandl
mahlzeit

haben stecken in das mund
das nudelrund auf gabel
haben zumachen das mund
haben rausziehen aus mund
ohne nudelrund das gabel
sein drinbleiben in mund
ohne gabel das nudelrund
haben schlucken das nudelrund
sein das nudelrund gehen in magen
so machen oft
essen haben pasta ascuitta

Anonym
Leberreime

A: Die Leber stammt von einem Hecht
und nicht von einem Zander.
B: Die Gräten schaff ich nicht allein,
wir essen miteinander.

Die Leber stammt von einem Hecht,
vom Hai stammt sie mitnichten,
ich könnte auf den ganzen Fisch –
nie auf den Wein verzichten.

THEODOR FONTANE
Leberreim

Die Leber ist von einem Hecht
und nicht von einer Schleie.
Der Fisch will trinken, gebt ihm was,
dass er vor Durst nicht schreie.

PETER RÜHMKORF
Im Vollbesitz seiner Zweifel

Nicht zu predigen, habe ich mich an diesem Holztisch
niedergelassen,
nicht, mir den Hals nach Höherem zu verdrehen,
sondern mir schmecken zu lassen dies:
Matjes mit Speckstibbel, Bohnen, Kartoffeln, Einssechzig;
Aal in Gelee, Kartoffelpüree, gemischten Salat, Zweiachtzig;
Kalbszüngerl mit Kraut, Zwomark;
Beefsteak à la Meyer, Erbsenundwurzeln, Zwozwanzig;
Rührei – Blumenkohl, Einemarkdreißigpfennige;
Fliederbeersuppe: Jawoll!
Wenn die Sonne, die Löwin, sich Glut aus der Mähne schüttelt,
und der Inhaber meines Mittagstisches die Markisen herunterläßt,
mache ich's mir bequem hinter der Zeitschrift für Armeirre:
Ei!
Es hat sich wieder allerhand Rühmenswertes angesammelt
in unserer Erzdiözese.

»Mahlzeit« –
Eine Marienerscheinung mehr oder weniger macht noch keinen
Himmel,
aber im ganzen gewaltig ist der Elan meines unaufgeklärten
Jahrhunderts,
das noch den Kot der assyrischen Großkönige abtastet nach
Kohlenstoff vierzehn,
das
den Herren der Heerscharen preist in der Unsicherheits-
Relation,

das
schon mit goldenen Bombern an seinem Untergang webt –
da sollte ich konkurrieren?
drei-mal-vier Zeilen »Norddeutsche-reimlos«?
Oh, ich habe mein Maß und mein Bett und verbleibe
meiner Geranien Poet
und der Sänger meiner Gebrechen!

Der du auch einmal kamst, Bellarmin, dein gewaltiges Herz
unter Fünftausend zu brocken,
rück Stuhl und Leib zurecht, du findest
dich durch Schwerkraft genügend belegt, du spürst,
wie sich dein Auge machtvoll ins Endliche kehrt:
– Oh Lust am Greifbaren! –
wenn aller Anspruch abfällt, und eines doppeltgebrannten
Sommers
Trank dir verheißend zu Munde geht …
Ich sehe:
Ich sehe ein großes Motiv:
Ich sehe dich:
im Vollbesitz deiner Zweifel froh,
eine vergnügte Zunge gegen das Schweinsfleisch gezückt
(die so viel Unsägliches pflügte) –
Aber auch dies ist wohl unter Brüdern
seine Erschütterung wert.

Hermann Broch
Kulinarisches Liebeslied

Weißt du's noch? damals aßen wir
zart-jungen Mais
mit Butter; die Spitzen waren weich
und die Kolben ganz weiß.

Weißt du's noch? damals aßen wir
Shishkebab mit Reis;
und nachher verlangtest du
Himbeereis.

Weißt du's noch? Damals aßen wir
indianische Götterspeis
voller Curry, und wir tranken und tranken,
und die Welt glühte heiß.

Weißt du's noch? damals aßen wir
in laut-festlichem Kreis –
war's Geburtstag? War's Hochzeit?
Im Herzen war's leis.

Oh, ich weiß, ich weiß:
Wen's freut, den andern essen zu sehn,
des Liebe wird täglich und nächtlich aufs neue erstehn
und nimmer vergehn.

JOACHIM RINGELNATZ
Freundschaft

Es darf eine Freundschaft formell sein,
Muss aber genau sein.
Eine Freundschaft kann rauh sein,
Aber muss hell sein.

Denn Allzusprödes versäumt oder verdirbt
Viel. Weil manchmal der Partner ganz plötzlich stirbt.

Mehr möchte ich nicht darüber sagen.
Denn ich sitze im Speisewagen
Und fühle mich aus Freundschaft wohl
Bei »Gedämpfter Ochsenhüfte mit Wirsingkohl«.

MARCO TSCHIRPKE
Kost und Logis

Auf dem Tische Bambuslätzchen,
Noch mit Vortagskrümeln drauf.
Aus der Küche ruft das Schätzchen:
Mach mir schnell die Türe auf!

Lachsfilet qualmt auf dem Teller,
Reis und Ingwer dampfen auch.
Seht, er ist ein Rockefeller;
Nimmersatt sind Herz und Bauch.

Später ist er dran mit Spülen,
Buße tut der alte Näscher.
So geht es hinauf, hinab: Vom
Millionär zum Tellerwäscher.

HEINRICH HEINE
Deutschland, ein Wintermärchen
Caput XX

Von Harburg fuhr ich in einer Stund'
Nach Hamburg. Es war schon Abend.
Die Sterne am Himmel grüßten mich,
Die Luft war lind und labend.

Und als ich zu meiner Frau Mutter kam,
Erschrak sie fast vor Freude;
Sie rief: »Mein liebes Kind!« und schlug
Zusammen die Hände beide.

»Mein liebes Kind, wohl dreizehn Jahr'
Verflossen unterdessen!
Du wirst gewiss sehr hungrig sein –
Sag an, was willst du essen?

Ich habe Fisch und Gänsefleisch
Und schöne Apfelsinen.«
»So gib mir Fisch und Gänsefleisch
Und schöne Apfelsinen.«

Und als ich aß mit großem App'tit,
Die Mutter ward glücklich und munter,
Sie frug wohl dies, sie frug wohl das,
Verfängliche Fragen mitunter.

»Mein liebes Kind! und wirst du auch
Recht sorgsam gepflegt in der Fremde?
Versteht deine Frau die Haushaltung,
Und flickt sie dir Strümpfe und Hemde?«

»Der Fisch ist gut, lieb Mütterlein,
Doch muss man ihn schweigend verzehren;
Man kriegt so leicht eine Grät' in den Hals,
Du darfst mich jetzt nicht stören.«

Und als ich den braven Fisch verzehrt,
Die Gans ward aufgetragen.
Die Mutter frug wieder wohl dies, wohl das,
Mitunter verfängliche Fragen.

»Mein liebes Kind! in welchem Land
Lässt sich am besten leben?
Hier oder in Frankreich? und welchem Volk
Wirst du den Vorzug geben?«

»Die deutsche Gans, lieb Mütterlein,
Ist gut, jedoch die Franzosen,
Sie stopfen die Gänse besser als wir,
Auch haben sie bessere Saucen.« –

Und als die Gans sich wieder empfahl,
Da machten ihre Aufwartung
Die Apfelsinen, sie schmeckten so süß,
Ganz über alle Erwartung.

Die Mutter aber fing wieder an
Zu fragen sehr vergnüglich,
Nach tausend Dingen, mitunter sogar
Nach Dingen, die sehr anzüglich.

»Mein liebes Kind! Wie denkst du jetzt?
Treibst du noch immer aus Neigung
Die Politik? Zu welcher Partei
Gehörst du mit Überzeugung?«

»Die Apfelsinen, lieb Mütterlein,
Sind gut, und mit wahrem Vergnügen
Verschlucke ich den süßen Saft,
Und ich lasse die Schalen liegen.«

F.W. Bernstein
Vom schönen Knödeltum
Für Vincent Klink

Vom Knödel möcht ich reden,
von seinem massiven Gehalt.
Der Knödel, der schmeckt einem jeden,
der schmeckt einem halt.

Der Knödel im großen Ganzen:
Kommt eine Marille darein,
drum rum recht schwere Substanzen.
Nur rund muss er sein.

Vom Knödel wollen wir singen
und knödeln mit vollem Mund,
bevor wir ihn – schluck! – verschlingen.
Er ist doch schön und rund.

Verglichen mit salzenen Stangen
in dürrer Länglichkeit –
wen tut's nach Salzstangen verlangen?
Na also: 's ist Knödelzeit.

Vom Knödel können wir lernen:
Rund wie die Kugel, und sie
gleicht dem Fußball, den Sternen.
Vollkommenheit, aber schon wie!

Der Erdknödel, auf dem wir leben …
Genug, das Essen wird kalt!
So lasst das Glas uns heben
auf Knödels Kugelgestalt!

Schön wölbt er sich über dem Teller,
doch mit zunehmendem Schmaus,
erst stückweis, dann immer schneller,
ist's mit der Vollkommenheit aus.

Max Herrmann-Neisse
Die Fressorgie

Begehrlich wackeln überm Tisch die Kröpfe,
und endlich kommt der Fraß vom Küchenrost.
Die Löffel schaufeln in den Dampf der Töpfe
und holen aus dem Sud sich schiere Kost.

Die Lippen triefen, saftig klatscht ein Schmatzen
von fetten Mäulern ans Gewölb des Saals.
Es zanken kreischend unterm Tisch die Katzen
sich um den Abfall dieses geilen Mahls.

Schon kriechen, da sie weitere Zufuhr missen,
die Fresser auf den Estrich voller Gier
und raufen sich um jeden Leckerbissen
auf Tod und Leben roh mit dem Getier.

Und wälzen sich und würgen, beißen, kratzen
und haben selbst wie Katzen auch gefaucht
und zeigen plötzlich mörderische Tatzen
und sind in Raserei und Blut getaucht.

Das Tischtuch reißt und Glas und Teller stürzen,
zerscherbt klirrt auf dem Boden das Geschirr;
von Splittern wund, zerfressen von Gewürzen
balgt man sich heulend, blind vor Wut, halb irr.

Das Katzenvolk verkroch sich unterm Schranke,
gesträubten Fells, mit angsterglühtem Aug
verschüchtert spähend nach dem Menschenzanke
und ihrem höllisch keifenden Klamauk.

Bis endlich Ruhe herrscht nach letztem Röcheln
und von sich selbst vernichtet liegt der Chor
der Fresser. Und die Mäuse aus den Löcheln,
die Katzen aus Verstecken nun hervor

sich wagen und die sonst feindlichen Tiere
vereint sich laben an dem kahlen Rest
und von den Ufern ausgegossner Biere
für Katz und Maus entsteht ein Friedensfest.

Herr Salzmann-Zwei in Alexandrinern

Bei Tische wird ein Fisch: Herr Salzmann-Zwei, verspeist.
Er stellt es sich kaum vor. Dann sagt er, wie er heißt.
Das heißt: er stellt sich vor. Zwar sind die Fische stumm,
Doch kümmert dieser Snob von Fisch sich nicht darum.
Bequemten sich denn je die Allerweltsverhöhner
Gesetzen der Natur? Das wäre ja noch schöner!
Visitenkarten sind Herrn Salzmann nicht zur Hand:
So macht er mündlich sich der, die ihn isst, bekannt.
Es nennt die, die ihn isst, sich: Fräulein Grete Chlor.
Das heißt: sie nennt sich nicht! Wer stellt sich Fischen vor?
Und eine Gräte ist im Munde dieser Dame.
Jedoch in Gretes Mund nennt sich des Fisches Name.
Der Fisch sagt: »Salzmann-Zwei!« War je ein Fisch correcter?
Und doch: wie incorrect! In Gretes Munde steckt er!
Wie denn? Er ganz? O nein! Von ihm ein kleiner Teil!
Fast eine Gräte nur! Selbst die ist kaum noch heil.
Anstatt der Vorstellung: »Salzmann, durch Hundertdrei«,
Behauptet dies Gerät, dass es noch »Salzmann« sei!
Der Fisch ist stumm. Und dies, ein Fisches-Hundertdrittel,
In Grete Gräte nur, weist mit dem letzten Mittel
Auf sein Gewesensein! Muss Grete sich verschlucken?
Ach, kaum gelingt es ihr, die Gräte auszuspucken! –
Der Dame blieb seither, wie sehr sie auch von Welt,
Die Vorstellung von Fisch doch irgendwie vergällt.

Ror Wolf
das ende des mondes

oben scheint der mond, gerade jetzt
hat sich waldmann an den tisch gesetzt

und isst eine durchgestrichne brühe.
schnee fällt leicht und weich und ohne mühe.

waldmann lächelnd waldmann löffelnd, leise
nimmt er etwas von der dunstmehlspeise,

und er kostet von den eisbeinscheiben.
bleich sieht man den mond vorübertreiben.

etwas nebel, etwas frost, mitunter
fällt ganz leicht und weich der schnee herunter.

Der fasan, das blumenkohlgemüse,
sülze zitternd und das sanfte süße

dunkle huhn, gefüllt und aufgeschnitten,
ist in waldmanns leib hineingeglitten.

zärtlich hört man waldmanns zähne knacken.
wurst gewürzt und hammelhirn gebacken,

ochsenschweif zerhauen, schweinskopfrinden
sieht man schnell in seinem mund verschwinden.

freundlich pfeift der wind, es fällt der schnee.
schnepfenmus und kalbsmilchfrikassee,

wellfleisch, wachteln, wuchteln, trüffeltunken
sind geräuschlos in den leib gesunken.

vor dem fenster hängt der nebel dick.
in der ferne spielt die tischmusik.

vor dem fenster weht der schnee, am tisch
sticht hans waldmann still in einen fisch.

ausgedrückt der fisch und ganz verloren.
und der mond ist oben angefroren.

waldmann schöpfend waldmann dreimal nickend,
waldmann schluckend waldmann gabel pickend,

tief im winter isst er immer schneller:
erstens fisch und zweitens seinen teller.

oben scheint der mond, der schnee fällt weich.
waldmann nickt und waldmann beißt zugleich

in den tisch, er hat ihn ganz verzehrt.
das ist weiter nicht erwähnenswert.

erst den tisch, im nächsten augenblick,
da verzehrt er noch die tischmusik.

dann hat er das fenster aufgerissen:
o der mond, das war ein großer bissen.

und mit einem ungeheuren schlung
schluckt hans waldmann die erinnerung.

danach hat er diesen fall vergessen
und sich hingesetzt zum abendessen.

Der Bär, der Knob, der Schnitt

KRÄUTER UND GEMÜSE

WIGLAF DROSTE
Aus dem Kräutergarten

Der Petersil, der Petersil
Weiß alles, doch er spricht nicht viel.

Scharf protestiert gleich die Melisse:
Sie sei es doch, die alles wisse.

Agnostisch ist der Majoran:
Liest weder Bibel noch Koran.

Sein wilder Bruder Thymian
Sagt: »Gott, das geht mich gar nichts an.«

»Dumm schmeckt gut«, prahlt Basilikum.
Er kriegt damit Tomaten rum.

Ganz locker sieht's der Rosmarin:
»Lieb ich nicht sie, lieb ich halt ihn.«

Am Ende seufzt die Pfefferminze:
»Was soll man machen – tja, so sindse.«

ROR WOLF
Gemüsegedicht

Melone Kürbis Gurke und Tomaten
Kohlrabi rund und weiße rote Rüben
der Porree ist am besten dick und fest
die Kresse und ein Petersilienrest
die Gurke kommt dazu in schönen Schüben
der Schnittlauch dient als Würze zu Salaten

Ach diese sehr geschätzten Nahrungsmittel
und die vom Fleisch befreiten grünen Bohnen
die abgespülte Wurst der kalte Fisch
beenden rasch das Tagesleben: *zisch*
der Speck läuft grünlich an und wir betonen
Gemüse ist der Grund für diesen Titel

MATTHIAS CLAUDIUS
Kartoffellied

Pasteten hin, Pasteten her,
Was kümmern uns Pasteten?
Die Kumme hier ist auch nicht leer
Und schmeckt so gut als *bonne chère*
Von Fröschen und von Kröten.

Und viel Pastet und Leckerbrot
Verdirbt nur Blut und Magen.
Die Köche kochen lauter Not,
Sie kochen uns viel eher tot;
Ihr Herren, lasst Euch sagen!

Schön rötlich die Kartoffeln sind
Und weiß wie Alabaster!
Sie däun sich lieblich und geschwind
Und sind für Mann und Frau und Kind
Ein rechtes Magenpflaster.

GÜNTER EICH
Von der Kartoffel

Von der Kartoffel lasst uns singen,
der edlen Knollenfrucht,
lasst emsig uns ins Erdreich dringen,
wo man dergleichen sucht!

Ja, lasst uns loben alle Sorten,
sie mögen weiß sein oder rot!
Gepries'ne Knolle allerorten!
Du bist uns wert so wie das Brot!

Wenn einst sie in der Pfanne braten,
halbiert oder scheibenweis,
leicht knusperig und wohlgeraten,
dem Duft gebühret Ehr und Preis!

Wenn sie im Topfe kochend brodeln,
als Salzkartoffeln allbekannt,
so wird der Älpler freudig jodeln,
den Seemann aber zieht's an Land.

Den Pommern selbst drängt es zu singen,
wenn er die Pellkartoffel sieht,
wenn dampfend ihre Schalen springen
und mehlig weiß das Fleisch erblüht.

Und Quark dazu! O lieben Brüder,
so Gutes gibt es nichts als das!
Drum hurtig! Bückt euch hurtig nieder
und buddelt ohne Unterlass!

HANS MAGNUS ENZENSBERGER
Ein erdfarbenes Liedchen

Noch ein Gedicht über den Tod usf. –
gewiss, aber wie wäre es mit der Kartoffel?
Begreiflicherweise kommt sie nicht vor
bei Homer und Horaz, die Kartoffel.
Doch was ist mit Rilke und Mallarmé?
War sie ihnen zu stumm, die Kartoffel?
Reimt sich zuwenig auf sie,
erdfarben wie sie ist, die Kartoffel?
Mit dem Himmel hat sie wenig im Sinn.
Geduldig wartet sie, die Kartoffel,
bis wir sie ans Licht zerren
und ins Feuer werfen. Der Kartoffel
macht es nichts aus, aber vielleicht
ist sie den Dichtern zu heiß, die Kartoffel?
Ja, dann warten wir eben noch ein Weilchen,
bis wir sie essen, die Kartoffel,
ein Weilchen besingen und wieder vergessen.

ÀXEL SANJOSÉ
Lauch

Es waren einst drei Freunde:
Der Bär, der Knob, der Schnitt.
Man nannt' sie die Erlauchten,
sie becherten und rauchten
und machten alles mit.

Ihr Lauch war bald verblichen,
sie fassten nie mehr Tritt:
Der Bär ist längst gebunden,
der Knob ist ganz verschwunden,
der Schnitt, der heißt jetzt Schmidt.

PHILIP SASS
Rosenkohl

Der Käfer frisst am liebsten Mist,
weil ihn sein Duft betörte,
und der Gourmet nagt am Filet,
das einem Reh gehörte.
Mir dünkt derlei Vergnügen hohl,
ich brauche nichts als Rosenkohl.

Der Trinker nippt und wippt und kippt
und lallt dann laut durch *die* Bar.
Das Kind mampft Brei und kreischt dabei,
als sei das nachvollziehbar.
Wenn ich bei Tisch vor Freude johl,
dann liegt das wohl am Rosenkohl.

Vampiren tut nur Blut ganz gut
(wenn's schmeckt ...) und Zombies kauen
in Filmen dumm auf Hirnen rum:
Ich würd mich das nicht trauen.
Drum gibt's für mich und Schutzbefohl-
ene nichts außer Rosenkohl.

Man schalt mich lang für diesen Hang
zur Nummer 1 der Nahrung:
Wer mich verurteilt, tut das nur
aus Mangel an Erfahrung.
Es ist doch so: Das Monopol
auf Wohlgeschmack hat Rosenkohl.

Ich wiederhol: O Rosenkohl,
ich mag nichts andres kochen;
statt Karfiol und statt Fisol'
verzehr ich schon seit Wochen
nur Rosenkohl, nur RO-SEN-KOHL!
(Ich höre auf, mir ist nicht wohl.)

THOMAS GSELLA
Der Rosenkohl

Er schmeckt nach reinem Teufelsbrei
Und muss leicht übergar sein.
Ein Biss, ein Schreck, ein Kinderschrei:
»O Gott! Das darf nicht wahr sein!«

Von Zahn und Zunge kriecht der Matsch
In Hals und Speiseröhre.
»Nein! Mama!« – »Teller leer!«, klatschklatsch,
»Hinein damit, du Göre!«

Dazu ein Wasser, nicht zu frisch,
Leicht trüb, hautwarm, ein stilles.
Und eines Tages spricht am Tisch
Ein blasses Kind: »Ich will es.«

JAN WAGNER
tomaten

weshalb sollten sie sich schämen, dick
und rund am strauch? Sie tragen ihre uhren
tief in sich selber, jene feinmechanik
aus kernen, werden reif, indem sie ruhen.

manchmal sieht man, wie sie sich bewegen,
und muss an klöppel denken, die ein wind
berührt – doch hört man keine glocken schlagen
(bis auf die grünen, die aus blättern sind).

sie kommen ihrer leuchtend roten kunst
im stillen nach, selbst nachts, selbst morgens, wenn den matten
sternen der stolz verfliegt, du aber kannst
ruhig etwas lauter reden. sag: tomaten.

Lamm in Minze beim Franzosen

In Lokalen und Schenken

FERDINAND HARDEKOPF
Zwiegespräch

Doctor Schein und Doctor Sinn
Gingen ins Café;
Schein bestellte Doppel-Gin,
Sinn bestellte Tee.

Seitlich von dem Plauderzweck
Nahmen sie dabei:
Schein – verlognes Schaumgebäck,
Sinn – verlornes Ei.

Dialog ward Zaubertext,
Nekromantenspiel;
Zwieseits wurde hingehext,
Was dem Geist gefiel.

Was dem Sinn Erscheinung schien,
Was der Schein ersann.
Schein gab Sinn, und dieser ihn,
Und die Zeit verrann.

Und die Stunde kam herein
Leis' des Dämmerlichts.
Schein verging zu Lampenschein,
Sinn verging zu nichts.

CHRISTIAN MAINTZ
Liebe in Lokalen

Ach, wie schön ist das gewesen,
Ach, wie haben wir's genossen,
Als wir Huhn mit Sojasprossen
Aßen damals beim Chinesen.

Rührend war der seelenvolle
Blick, mit dem du mich bedachtest,
Und wie glockenhell du lachtest
Beim Verzehr der Frühlingsrolle.

Unvergessen bleibt auch jener
Abend, als ich gänzlich ohne
Hemmung nach der Minestrone
Zu dir sprach beim Italiener:

»Sei die Meine, liebste Frauke!«
Hierauf küsstest du mich innig;
Und dann widmeten wir sinnig
Uns der Entenbrust auf Rauke.

Wochen drauf, die Herbstzeitlosen
Blühten schon im Park; wir saßen
Stumm bei Kerzenlicht und aßen
Lamm in Minze beim Franzosen.

Süß und schwer war der Burgunder,
Alles schien so unausweichlich,
Und wir tranken ziemlich reichlich;
Das Dessert glich einem Wunder.

Gott, wie hab' ich dann gelitten,
Als die Liebe war zerbrochen,
Weil du dich mit jenem Jochen
Trafst zu Currywurst und Fritten!

ERICH KÄSTNER
Gefährliches Lokal

Mir träumte neulich, dass mein Stammcafé
auf einer Insel unter Palmen stünde.
Persönlich kenne ich nur Warnemünde.
Doch Träume reisen gern nach Übersee.

Ich saß am Fenster und versank in Schweigen.
Wo sonst die Linie 56 hält,
war eine Art von Urwald aufgestellt.
Und Orang-Utans hingen in den Zweigen.

Sie waren sicher noch nicht lange da.
So leicht verändern sich die Metermaße!
Bevor ich kam, war's noch die Prager Straße.
Man setzt sich hin, schon ist es Sumatra.

Erst wollte ich den Oberkellner fragen.
Dann dachte ich, es hätte keinen Zweck.
Was soll ein Kellner namens Urbanek,
selbst wenn er wollte, weiter dazu sagen?

Dann ging die Tür. Das war der Doktor Uhl.
Und hinter ihm erschien ein schwarzer Panther,
der setzte sich, als sei er ein Bekannter,
an meinen Tisch auf einen leeren Stuhl.

Ich fragte ihn betreten, ob er rauche.
Er sah mich an. Und sagte keinen Ton.
Dann kam der Wirt in eigener Person
und kitzelte den seltnen Gast am Bauche.

Der Ober brachte Erbspüree mit Speck.
Er hatte große Angst und ging auf Zehen.
Der Panther ließ das gute Essen stehen
und fraß den Kellner. Armer Urbanek!

Von oben drang der Klang der Billardbälle.
Der schwarze Panther war noch beim Diner.
Ich saß bestürzt in meinem Stammcafé.
Und sah nur Wald. Und keine Haltestelle.

Weil man mich dann zum Telefone rief
(ein Kunde wollte mich geschäftlich sprechen),
war ich genötigt, plötzlich aufzubrechen.
Als ich zurückkam, sah ich, dass ich schlief!

Harald Hartung
Steakhaus

Li der Chinese bringt mir meinen Wein
Ich esse Hacksteak mit Kartoffelecken
In diesem Limbus kann ich mich verstecken
sogar vor mir. Hier roll ich meinen Stein
getrost bergab als wäre er vom Schnee
der Jahre die allein mein Traum getragen
Ich war zu lange bei den Lotophagen
und hielt das schon für eine Odyssee

Für mich hat wohl ein anderer gelitten
Mir ist: er leidet weiter irgendwo
und meine Eltern litten sowieso
Ich denke laut: sie hätten es bestritten

Da lächelt Li das Lächeln einer Frau
Klopft mir zum Abschied auf die Schulter Ciao!

PETER P. NEUHAUS
Nochmal gutgegangen

Der Raum ist gut gefüllt. Vier Herren spielen Karten.
Der Fernseh läuft. Und auch Musik. Es riecht nach Bier.
Drei Raucher schleichen outdoorbunt bejackt zur Tür.
Am Tresen hocken zwei, die auf das Aufstehn warten.

Da plötzlich geht ein Wind – schon schweigen alle Dramen.
Im Wirtshaus steht und still die Zeit für kurze Zeit.
Trübgrau und dunkel war's bislang. Jetzt ist's soweit,
der Raum wird reich und hell: Es kommen Damen.

Drei an der Zahl betreten schnatternd froh die Schänke,
ihr hochoktaves Lachen kündet jäh vom Glück.
Der Herren Köpfe schwingen rum, man hört Gelenke.

Den Rauchern stockt der flache Atem vor Entzück.
Am Tresen tränt die Sehnsucht in Getränke.
Die Damen halten inne, sie betrachten kurz das Stück –

»Hoppsa! Vertan!« und treten kichernd in die Nacht zurück.

Max Herrmann-Neisse
Gastwirtstochter

Gastwirtstochter in der engen Zelle
zwischen Thekenschranke und Regal,
hinter dir Liköre, dunkle, helle,
Flaschen, Bierglas, Schnapsglas, Weinpokal,
vor dir auf dem Schank die Hähne blinken,
der für Münchner, der für Pilsner Bier,
dann der Tisch mit Würsten, Käsen, Schinken,
dann die zweifelhaften Gäste: wir.

Mittags kommen die, die eilig essen,
selten schenkst du eine Weiße ein,
manchmal darfst du Pflicht und Welt vergessen
und mit einem Buche glücklich sein.
Doch der Kellner will Zigarren haben,
und dein kurzes Träumen wird gestört.
Armes Ding, das niemals seinem Knaben,
stets der ganzen Kundenschaft gehört!

Abends ist die schlimme Zeit der Zecher,
dann hast du zum Lesen kein Ruh;
ihre Becher füllst du, immer frecher
werfen sie dir tolle Zoten zu.
Und dir graut vor diesem Fresserbauche,
wo als Kette baumelt sein Gedärm.
Atmen kannst du kaum noch in dem Rauche,
denken kannst du kaum noch in dem Lärm.

Immer lauter wird er, schwillt zum Zanke,
Flüche hörst du, Schläge und Tumult.
Du blühst abseits hinter deiner Schranke
ohne Schüchternheit und ohne Schuld.
Und gelassen zählst du deine Kasse,
wenn der Vater seinen Laden schließt.
Mädchen, das, von Liebe fern und Hasse,
im Roman ihr Leben nur genießt.

KATJA LANGE-MÜLLER
Broiler-Requiem

Die Luft, geschwängert vom Duft entwichener Broilerseelen –
hilf Hühnergott, dass sie dich nicht verfehlen.
Armes, entbeintes KIM-Getier –
Runtergegurgelt, ersoffen im Bier.
Ans Ohr schlagen Dochtflammen tausender Kerzen
Legionen gesottener Hühnerherzen.
Entsetzlich entsetzt sehn meine Pupillen
den Grillschrank mit rosigen Klümpchen sich füllen.
Solch nackt-zartes Totsein tut mir so weh,
ich löffel bekümmert am bittren Kaffee.
Vis-à-vis halten klodeckelriesige Pfoten
einen halben der knusprigen Toten.
Ironie ist selbst für den Eingang das Wort.
Es flattert die Flügeltür immerfort.
Da kommen sie rein, Huhngier im Blick –
Da gehen sie raus. Knochen (nicht ihre)
bleiben zurück.

GOTTFRIED BENN
Restaurant

Der Herr drüben bestellt sich noch ein Bier
das ist mir angenehm, dann brauche ich mir keinen Vorwurf
                                     zu machen
dass ich auch gelegentlich einen zische.
Man denkt immer gleich, man ist süchtig
in einer amerikanischen Zeitung las ich sogar,
jede Zigarette verkürze das Leben um sechsunddreißig Minuten
das glaube ich nicht, vermutlich steht die Coca-Cola-Industrie
oder eine Kaugummifabrik hinter dem Artikel.

Ein normales Leben, ein normaler Tod
das ist auch nichts. Auch ein normales Leben
führt zu einem kranken Tod. Überhaupt hat der Tod
mit Gesundheit und Krankheit gar nichts zu tun
er bedient sich ihrer zu seinem Zwecke.

Wie meinen Sie das: der Tod hat mit Krankheit nichts zu tun?
Ich meine das so: viele erkranken, ohne zu sterben
also liegt hier noch etwas anderes vor
ein Fragwürdigkeitsfragment
ein Unsicherheitsfaktor
er ist nicht so klar umrissen
hat auch keine Hippe
beobachtet, sieht um die Ecke, hält sich sogar zurück
und ist musikalisch in einer anderen Melodie.

Ror Wolf
Dünste und Gerüche im Hotel

In St. Gallen, im Hotel zur Traube,
sitzt der Koch, er sitzt geduckt: der Koch.
Seht den Koch, hier sitzt er immer noch.
Auf dem Kopf des Koches sitzt die Haube.

Hier, im Dunst von Kraut, von Apfelstrudeln,
sitzt der Koch, im Dunst von roten Rüben
und von Ochsenschwänzen sitzt im trüben
Küchenlicht der Koch, im Dunst von Nudeln.

Seht den Herrn der Dünste und Gerüche,
schwer erhebt er sich vom Stuhl und müde
steht er auf, der Koch, der Ofen glühte.
Seht: er geht: der Koch verlässt die Küche.

Auf den Boden klatschen Lappen: nasse.
Vorgesehen war das große Kochen.
Doch das Kochen wird jetzt unterbrochen,
denn der Koch verschwindet auf der Gasse.

Dort, von fetten Vögeln überflogen,
dort am Ende, und noch weiter hinten,
weich im Nebel sieht man ihn verschwinden,
weich und bleich und in der Luft gebogen.

Er verschwindet bis zum letzten Bissen.
Seht: der Koch, er hat sich selbst verzehrt.
Das ist weiter nicht erwähnenswert. –
Das Hotel wird später abgerissen.

DAGMAR LEUPOLD
Wunderhorn

Feinsliebchen bedient im coffee shop
Hiram's Hot Dog bei Hackensack,
New Jersey. Noch nie hat einer
ihr Nachtigall buchstabiert
oder Maiglöckchen
klingen lassen
auf dem Tresen aus Resopal

Und doch und doch
kennt sie die Weisen
und die Knaben

Mal Senf
mal Ketchup
aufs Glück

ULLA HAHN
Reibekuchen

Wie genüsslich mit Kölsch und Schabau
spült die Frau am Fenster allein
ihre Reibekuchen hinab in den
gnädigen Kaftan lacht wirft den
Kopf wahrlich ich seh wie's ihr
schmeckt während dein Blick
fein und fatal mich bei jedem
Schluck Sprudel jedem Bissen
Diätsalat begleitet. Und da kommt
auch noch so'n drahtiger Typ an den
Tisch von der da knallt ihr rechts und
links einen Kuss ins Gesicht brüllt
Köbes nochmal datselbe für zwei!
Und ich?
Spieß dich auf zum Salat
und verschluck dich.

HANS LEIP
Seefischküche

Da schwang ein brauner Brutzelduft,
und mir befahl mein Magen,
mich aus der Straßen Hungerluft
in das Lokal zu wagen.

Da sah ich auf dem Marmortisch
Butt, Knurrhahn, Stör und Quappen,
Steinbeißer, Goldbarsch, Katzenfisch
still durcheinander schwappen.

Das roch nach See, das roch nach Salz,
nach silbergrauen Weiten.
Und weiterhin roch es nach Schmalz,
nach Mahlzeit und Bereiten.

Des Koches rotbesterntes Weiß
sah ich den Fang durchklauben.
Er sang der Fischlein Lob und Preis
und ließ sie daran glauben.

Sie gingen frei von der Beschwer
des Eingeweids von hinnen,
ein in das heiße Dunkelmeer,
von dem die Alten spinnen.

Da schwammen sie im Siedeschmant,
Dorsch, Schnepel und Makrelen.
Ist das, sprach ich zum Koch gewandt,
der Himmel ihrer Seelen?

Der Koch hob seiner Mütze Dom:
Ob ich ihn uzen wolle?
Und wies mich in den Gästestrom,
wo ich bestellen solle.

Als ich dann vor dem Teller saß
und die gesottnen Teile
vom Leiterspiel der Gräten aß,
da war mir eine Weile,

als sei in mir die tiefe See
von Hornsund bis Kap Landsend
und all der Fische Lust und Weh
drin auf und nieder tanzend.

Mein Herz inmitten ungestüm,
halb Haifisch und halb Flunder,
bald Lilie, bald Ungetüm,
ein staunenswertes Wunder.

Und einmal warf ein Kutter prompt
sein Netz zum Meereskeller
und fing mein Herz. Und wie es kommt,
es kam auf meinen Teller.

Da packte ich die Gabel fest.
Verflixtes Hirngefunke!
Und deckte meines Herzens Rest
mit Senf und Lorbeertunke.

PETER RÜHMKORF
Duocentenarperformance Intercity »Heinrich Heine«

Heh, Herr Ober!
Eigentlich bin ich ein großer Lober.
Aber Ihre hier total verpißten Nieren
sind zu reklamieren;
weshalb ich Sie bitten möchte, schnur!-
stracks an Ihren Herrn Toilettenwart retour.

Fragen? Keine. Außer allerdings Regreß!
Und zwar *unterthenigst, willig und erbötig*
(Siehe Luther an den Churfürsten Johann)
und nicht wie Sie hier in Ihrem Poesie-Express
sich herauszunehmen sich nicht schämen:
Wer hier absteigt, hat es nötig,
und er wird noch weitres auf sich nehmen –
Ja, er wird, er kann,
respektive seine strafunmündige Begleitperson
macht das schon.

Weil, sie wird, so will es ihr Begleiter,
und sie ist sein liebes Medium,
ihren Beitrag zu den Düsseldorfer Jubelfeiern
(Schaun Sie nicht so dumm!
Lieber haun Sie ab und noch viel weiter)
mittels Fingertrick in Ihren Quick-Pick-Speisewagen reihern
(Großer Kunst-Event für Jud und Christ)
A c h t u n g , K l e i n e s !
Du verstehst, was deines Amtes ist:
w a l t e s e i n e s !

Àxel Sanjosé
Endivien

Wenn all die schönen Frauen
in Straßencafés sitzen
und mit den Augen schauen,
als würfen sie mit Blitzen,

wenn sie Salat bestellen,
ein Glas Prosecco trinken,
derweil die Hündlein bellen
und Freunde herzlich winken

(und Rom nur mäßig finden
und schwärmen von Bolivien),
dann denk ich beim Verschwinden:
Auch ich war in Endivien.

MANKE
Letzte Runde

Die Inge hält beim Singen inne,
Der Harry harrt verstört der Dinge.
Am Stammtisch stockt der Gassenhauer.
Der Ober liegt schon auf der Lauer.

Des Kavaliers Esprit verpufft.
Durch das Lokal bläst Morgenluft.
Der späte Gast geht, fahl sich farbend.
Warum? Der Wirt macht Feierarbend.

CHRISTIAN MAINTZ
Neujahrsmoritat

Vor Kurzem saßen mal in Kassel
Ein Nacktmull, eine Kellerassel,
Ein Weberknecht und dessen Schwester
In einer Bar. Es war Silvester.

Man aß veganes Pilz-Risotto
Und trank recht guten Beaujolais;
Der Weberknecht, er hieß Karl-Otto,
Beschwor die Not der SPD.

Man gruselte sich in der Runde
Vorm neuen Mann im Weißen Haus,
Die Assel sprach darauf profunde
Befunde über China aus.

Dann lachten alle laut und gellend;
Die Schwester hatte talentiert
Und täuschend ähnlich, Sekt bestellend,
Angela Merkel imitiert.

Der Nacktmull dachte still bei sich:
Das letzte Jahr war fürchterlich.
Beruflich lief es gar nicht rund,
Die Miete steigt schon wieder und

Marie-Christin hat mich verlassen,
Sie lebt seitdem mit diesem Klaus;
Der hat zwar nicht mehr alle Tassen
Im Schrank, doch sieht er blendend aus.

Im Juni werd' ich einundsechzig
Und merk' nichts vom Johannistrieb …
Ich treibe kaum noch Sport, das rächt sich;
Das Bier ist alles, was mir blieb.

Da riefen alle: »Frohes Neues!
Wie schön, dass ihr gekommen seid!«
Der Nacktmull dachte: Ich bereu' es –
Und das schon seit geraumer Zeit.

Ich sitze nackt, mit kalten Pfoten,
Am Tisch mit diesen Vollidioten
Und trinke – Fluch des Biedersinnes! –
Seit Stunden warmen Sekt statt Guinness.

Frau Magenbitter & Herr Doornkaat

Alkoholika und andere Getränke

F. W. BERNSTEIN
Bierlied

Im schönsten Bierglasgrunde,
da schäumt ein blondes Bier
nicht weit von deinem Munde.
Dies Bier, das will zu dir.

Es will den Durst dir stillen
mit Hopfen und mit Malz.
Sei du dem Bier zu Willen:
Schütt es dir in den Hals.

Dirk von Petersdorff
Bierlied mit Benn

»Ich bin nichts Offizielles,
ich bin ein kleines Helles« –
ein Helles soll man zischen,
logisch, zum Erfrischen.

Wer hip ist, muss sich spreizen,
ich bin ein großes Weizen;
ein Weizen dient zum Kühlen
von schwierigen Gefühlen.

Die Szene lässt mich kalt,
ich bin ein herbes Alt;
ein Alt, das muss man merken,
im Herben hat es Stärken.

Why should I dance to rock?
Ich bin ein stilles Bock;
ein Bock muss langsam fließen,
um es zu genießen.

Die Wahrheit ist aus Filz,
ich bin ein echtes Pils;
das Pils will euch nichts sagen,
stellt euch keine Fragen,

zum Beispiel nach dem Sinn,
sondern schäumt dahin;
ich bin nichts Offizielles,
ich bin ein kleines Helles.

P. S.
Komm lass dich nicht verheizen,
ich bin ein Hefe-Weizen
und immer noch im Kommen;
hat man mich vernommen?

ROBERT WALSER
Ein Glas Bier

Hier in dieses Wäldchens Zier
denke ich an ein Glas Bier,
leise gehe ich dann weiter
wie auf einer dünnen Leiter.
Jugendschöne Mädchen ziehn
freundlich durch das Dickicht hin,
hin und wieder steh' ich still,
weil mir solches passen will.
Das Glas Bier ist überwunden,
das mir hätte können munden.

THOMAS GSELLA
Der Durst

Wer Durst hat, hat nur eines:
Nur Durst. Ganz exquisit.
Denn Durst ist etwas Reines.
Durst ist ein Monolith.

Wer Durst hat, will nicht singen.
Schlaf scheint ihm wie ein Kropf.
Er hat von andern Dingen
Kein einziges im Kopf.

Wer Durst hat, will nicht feiern.
Wer Durst hat, will kein Geld.
Er will auch nicht von Bayern
Zu Fuß nach Bielefeld.

Wer Durst hat, fühlt sich trocken.
Der Rachen wie aus Staub.
Im Mund Restspeichelbrocken
Der Gaumen pelzig taub.

Durst macht uns unterliegen.
Er sagt: Du musst. Durst zwingt.
Und ist nur zu besiegen,
Indem man – etwas trinkt …

Simon Borowiak
Spirituosen leben

Frau Magenbitter haut's vom Stuhl,
Herr Doornkaat liegt daneben.
Eifrig bemüht sich Pommery,
versucht, sie aufzuheben.

Dem jungen Korn ist nichts mehr klar.
Frau Gin sieht eine Maus.
Herr Pils beugt sich zu weit nach vorn
und fällt zur Flasche raus.

Alles verdunstet, schwappt und ölt,
entkorkt sich auf den Tischen.
Auch Fräulein Selters geht es schlecht:
Sie muss hier morgen wischen.

BERTOLT BRECHT
Wenn sie trinkt, fällt sie in jedes Bett

Wenn sie trinkt, fällt sie in jedes Bett
Wenn sie nicht trinkt, lässt sie keinen ran
Denn sie sagt: Sie braucht nur einen Mann
Und der Mann bin ich. Das ist sehr nett.
Schade, dass sie da nichts machen kann:
Wenn sie trinkt, fällt sie in jedes Bett.

Es ist wirklich mit ihr ein Gfrett
Denn man weiß es in der ganzen Stadt.
Dabei hat der, der sie einmal hat
Lang bei ihr noch keinen Stein im Brett.
Ganz im Gegenteil: Sie ist ihn satt
Wenn sie trinkt, fällt sie in jedes Bett.

Schließlich, sagt sie, bin ich auch kein Brett.
Gott sei Dank ist sie soweit gesund ...
Nur das eine wird mir bald zu bunt:
Sieht sie einen, den sie gerne hätt
Fängt sie leider an zu trinken – und
Wenn sie trinkt, fällt sie in jedes Bett.

Robert Gernhardt
Nichttrinklied

Das Schicksal hat es so gefügt,
daß mir am Alkohol nichts liegt.

Mich lockt nicht Bier, nicht Gin, nicht Wein –
Na ja, ein Wein, der darf schon sein.

Mich lockt nicht Korn, nicht Bier, nicht Gin –
Ist da ein Gin? Dann immer rin!

Mich lockt nicht Wein, nicht Korn, nicht Bier –
Da kommt ein Bier? Das nehmen wir!

Mich lockt nicht Gin, nicht Wein, nicht Korn –
Her mit dem Korn! Und dann von vorn:

Das Schicksal hat es so gefügt,
daß mir am Alkohol nichts liegt etc.

HEINRICH DETERING
Frau Keun, am Ende

Der Herr Jesus saß dann noch oben bei der Frau Keun,
im zweiten Stock, in der Küche, sie tranken
Doornkaat, den sie vom Balkon holte,
aus den Blumenkästen, sie erzählte

die alten Geschichten, mit denselben Sätzen
»Morgen lass etwas Sonne sein«, erst zittrig, dann lebhaft (einmal
fiel ihr das Glas um), dann müde, dann schläfrig, kein Anschluss
unter dieser Nummer.

Da war es spät, und der Herr Jesus musste los, sie
ist dann gleich mitgegangen. Das wars,
sagte sie unten zum Hausmeister,
leicht schwankend, im Weggehn.

Joachim Ringelnatz
Guter Rausch

Denken wir jetzt nicht an den Halunken,
Der betrügt, indem er sich besäuft,
Auch nicht an den andern, der betrunken
Schimpft und androht oder Amok läuft,

Nicht an Witzler, nicht an Vielversprecher,
Noch an den, der morgen früh bereut,
Der am Tag vor Nacht- und Nacktheit scheut.
Was ich meine, gilt für andere Zecher.

Ihrer denk ich. Nach dem sechsten Glase,
Oder nach dem dritten oder zehnten,
Kommen sie – nicht etwa in Ekstase –
Sondern in den variiert ersehnten

Zustand, klar und dennoch mild zu sehn,
Mild zu horchen auf die andern, Fremden
Und wie Engel in schneeweißen Hemden
Sozusagen vor sich selbst zu stehn.

Manchmal schießen sie mit der Pistole
Dann in sich ein ewig tiefes Loch.
Manchmal lächeln sie und trinken noch
Kognak, Zwetschenwasser, Sekt und Bowle.

Aber immer nehmen sie sich vieles
Vor und nehmen vieles still zurück
Und erkennen in Betreff des Zieles
Und der Zukunft ihren Weg zum Glück.

Und man wird um solch entrückte Zeit
Sie beneiden, und man wird sie lieben. –
Wenn sie doch – zu frühem Tod bereit –
Unverändert derart trunken blieben!

JAN WAGNER
teebeutel

I
nur in sackleinen
gehüllt. kleiner eremit
in seiner höhle.

II
nichts als ein faden
führt nach oben. Wir geben
ihm fünf minuten.

PAUL SCHEERBART
Ein Säufertraum

Ich war im Traume betrunken
Und sah ein altes Kamel,
Das war zu Boden gesunken –
Es lachte – bei meiner Seel!

Und bald lag mein ganzes Genie
Neben dem lachenden Vieh.
Der Himmel lachte über mir,
Und ich trank immer noch für Vier.

Mein Kamel kam nicht zu kurz dabei;
Ich ließ es trinken fast für Drei.
Dies war meine schönste Zecherei;
Ich fühlte mich so groß und frei.

Ich trinke – bei meiner ewigen Seele! –
Nur noch mit einem alten Kamele.
Mit Menschen trinken ist der größte Kohl –
Kamele nur verstehn den Alkohol.

Robert Gernhardt
Am Abend

Wenn ich vom Abendlärm der Städte
getrieben in die Schenke trete
um erst mit innigstem Behagen
so ein, zwei Klare einzujagen
um dann mit freudigstem Begreifen
diverse Bierchen einzupfeifen
um drauf mit holdestem Entzücken
rasch, drei, vier Obstler zu verdrücken
um dann mit dankbarstem Verstehen
verschiedne Weine einzudrehen –
dann pfleg ich mit gespieltem Klagen
»Ach, ach« und auch »Doch, doch« zu sagen.

ALFRED LICHTENSTEIN
Der Angetrunkene

Man muss sich so sehr hüten, dass man nicht
Ohn jeden Anlass aufbrüllt wie ein Tier.
Dass man der ganzen Kellnerschaft Gesicht
Nicht kurz und klein haut, übergießt mit Bier.

Dass man sich nicht die ekle Zeit verkürzt,
Indem man sich in einen Rinnstein legt.
Dass man sich nicht von einer Brücke stürzt.
Dass man dem Freund nicht in die Fresse schlägt.

Dass man nicht plötzlich unter Hundswauwau
Die Kleider sich vom feisten Leibe reißt.
Dass man nicht irgendeiner lieben Frau
Den finstern Schädel in die Schenkel schmeißt.

Bernd Pfarr
Das Nashorn

Alleine saß das Nashorn da
In einer gottverlass'nen Bar.
Dort hat es jahrelang gesessen
Und konnte Gabi nicht vergessen.

BERTHOLD BELL
Das Wunder von Cölln

Um Mitternacht, im Mondenschein,
in stiller Ruh liegt Cölln am Rhein.
Hoch droben bei den Wolkenschäfchen
gönnt sich auch Gott ein (kurzes!) Schläfchen.

Da plötzlich dringt an Gottes Ohr
ein lästerlicher Lärm empor!
Der weckt nicht nur den Herrn der Erde,
verstört blökt auch die Lämmerherde.

»Ihr Lämmer, schweigt! Was soll der Krach?«
Und durch des Hohen Domes Dach
hört Gott aus den geweihten Hallen
ein Hopsen und ein Lallen schallen.

Er blickt zur Kathedrale nieder
und denkt: »O Gott! Nicht der schon wieder!«
Wer dort im Dom so lallt und hopst,
ist, wie so oft, der alte Propst.

Was funkelt in des Propstes Hand?
Ein Destillat, aus Obst gebrannt!
Das will dem Schöpfer nicht behagen:
der Propst kann nämlich nichts vertragen.

Und schon, der Herrgott sieht's mit Groll,
gießt er das nächste Schnapsglas voll,
und gießt, und gießt – und gießt daneben.
Jehova ist vor Wut am Beben!

Er hat's geahnt. Dem Propst wird übel.
Jetzt braucht er dringend einen Kübel.
Der Kübel aber macht sich rar,
der Propst begibt sich zum Altar.

»Es ist doch immer hier am Tresen
viel güldenes Gerät gewesen!
Die heilgen Becher für den Wein!
Gleich hinter dem Dreikönigsschrein!«

Doch hat er selbst die teuren Tassen
zur Sicherheit verschließen lassen.
Wo ist der Schlüssel? Nicht in Sicht!
Sein Mageninhalt drängt ans Licht.

Und halbverdaute Tiefkühlpizza,
weiß Gott, macht fiese bunte Spritzer!
Auch wenn's noch keine Hiebe setzt –
der liebe Gott wird böse jetzt!

»Ich muss den Propst brutal erschrecken!
Dann bleibt es ihm im Halse stecken!«
Doch wie? Sein Blick irrt durch den Saal
und trifft das Orgelmanual.

Gott kann die schwarz' und weißen Tasten
zwar physisch nicht direkt belasten.
Na und? Mit Kraft und Herrlichkeit
und Allmacht geht das jederzeit!

Er konzentriert sich kurz und stöhnt –
Ein Wunder! Da! Die Orgel tönt!
Und siehe: ohne hinzugreifen,
bläst Gott der Herr auf allen Pfeifen.

Und horch! Und horch! Mit einem Mal
regiert im Dom der Karneval.
Das Lied, das durch die Kirche dröhnt,
den Propst auf Narrenart verhöhnt:

(Es folgt ein rauschhaftes Orgel-Solo nach dem beliebten
Karnevalsschlager der Gruppe »De Stroßefäjer«:)
»AM ARSCH VUN DE WELT LITT DÜSSELDORF,
ET DÜÜRSTE DORF AM RHING, DE LÄNGSTE
THEK, DOCH KEINE DOM, WER WILL DANN SU
JET SINN??«

(*Langer Nachhall*)

Und sieh! Und sieh! In gleißendem Strahl
ergießt sich des Klerikers Abendmahl
in farbigem Bogen aufs Ewige Licht.
Doch schau! Es löscht die Flamme nicht!

Die Pizza, weil mit Schnaps verbündet,
sich blitzschnell ihrerseits entzündet.
Der Propst steht stumm, doch fasziniert:
sein Essen wird posthum flambiert!

Gott windet sich vor Scham und Ekel,
zu peinlich ist das Menetekel.
Der Propst indes beginnt zu fragen:
»Was will die Flammenschrift mir sagen?«

»Et brennt, du Jeck!« ruft Gott im Zorn,
beugt sich am Wolkenrand nach vorn,
und gleitet aus, verliert den Halt,
und sinkt und fällt und stürzt und knallt

durchs Dachgewölb im Trümmerregen
dem schreckensbleichen Propst entgegen,
bekommt die Orgel samt der Pfeifen
im freien Fall noch schnell zu greifen,

reißt alles krachend aus der Mauer,
und während er in einem Schauer
von Orgelpfeifen niederrasselt,
da wird ihm klar: »Ich hab's vermasselt!«

Er rast in Richtung Bodenplatten,
die scheint's damit gerechnet hatten:
sie weichen aus, ein Abgrund gähnt,
der Propst sich wie im Kino wähnt.

Das schwarze Loch verschluckt im Nu
Gott, Orgel und den Propst dazu.
Und schließt sich wieder flink und flott,
und fott sind Orgel, Propst und Gott.

So fuhren einst im Dom zu Kölle
Propst, Gott und Orgel in die Hölle.
Und haben da drunten in selbiger Nacht
mit dem Teufel ein ganz dickes Fass aufgemacht.

Doch davon kann ich nicht berichten,
das muss ich nämlich erst noch dichten.
He Satan! Schenk mir nochmal ein!
Prost Propst! Prost Gott! Prost Cölln am Rhein!

(Gewidmet dem Dompropst Norbert Feldhoff, seinem Vorgänger
Bernard Henrichs und natürlich Heinrich Heine.
Alle sind Düsseldorfer. Gott wahrscheinlich auch.)

KURT SCHWITTERS
Kaffeeklatsch

Frau Müller, Frau Meier, Frau Schulze, Frau Schmidt,
Die saßen zusammen beim Kaffee zu dritt.
Die Vierte war nämlich zu Hause,
Sie hatte Kaffeeklatschpause.
Die anderen aber berieten zu zwein,
Wer von den Vieren die Dritte sollt sein,
Und kamen in hitzigem Rate
Zu keinerlei Schlussresultate.

HELLMUTH OPITZ
Limonade

Diese dickflüssigen Sommernachmittage,
in denen wir schwammen,
wenn wir vom Bolzen kamen,
die Kehlen verklebt vom Ascheplatz,
Nachmittage aus Harz, die uns
träge die Beine herunterliefen,
wenn wir auf der Veranda saßen
und deine Mutter erschien
in dieser ärmellosen Bluse,
die überm Nabel verknotet war.
Diese Stimme, wenn sie fragte:
Kleine Erfrischung, Jungs?
Und wenn sie dann den Krug
selbst gemachter Zitronenlimonade
auf den Tisch stellte,
da war es, als setze sich das
goldgelbe Licht dieses Nachmittags
in Bewegung und rolle mit uns
ganz langsam zu Tal.

Jahrtausende später
wird man uns finden,
gefangen in solchen
Bernsteinmomenten,
winzige Einschlüsse: du, ich,
deine Mutter und der Durst,
den nie ein Getränk zu löschen
vermochte.

Robert Gernhardt
Das Schnabeltier

Das SCHNABELTIER, das Schnabeltier
vollzieht den Schritt vom Ich zum Wir.
Es spricht nicht mehr nur noch von sich,
es sagt nicht mehr: »Dies Bier will ich!«
Es sagt: »Dies Bier,
das wollen wir!
Wir wollen es, das Schnabeltier!«

BERTOLT BRECHT
Liedchen aus alter Zeit
(nicht mehr zu singen!)

Eins. Zwei. Drei. Vier.
Vater braucht Bier.
Vier. Drei. Zwei. Eins.
Mutter braucht keins.

Robert Gernhardt
Ökumenischer Dialog

»Trinken ist ein Laster –
ist das klar, Herr Paster?«
»Alles klar, Herr Kaddinal –
Dasselbe bitte nocheimmal!«

F. W. Bernstein
Siebzehn Bier

»Obazahlnischkannnnnischmehr!«
»Das waren siebzehn Bier, der Herr!«

MATTHIAS POLITYCKI
Der Bierschiss

Er kommt mit Pauke und Trompete und
am Morgen danach,
zudringlicher Bote des Urschlamms,
unüberhörbares Ereignis

Er ist gelb und schnell und
kein Freund des Konjunktivs,
er duldet den Wohlgeruch nicht noch
das Lesen der Zeitung,
kennt keine blaue Blume und verweilt nicht,
denn er ist nicht schön

In seiner Kritik der unreinen Vernunft
nennt Kant ihn das »Unding an sich«,
und damit spricht er, so fürcht' ich,
ein großes Wort gelassen aus.

Die Anmacher vom Abendbrottisch

Wurst, Käse, Varia

CHRISTIAN MORGENSTERN
Herr Löffel und Frau Gabel

Herr Löffel und Frau Gabel,
die stritten sich einmal.
Der Löffel sprach zur Gabel:
»Frau Gabel, halt den Schnabel,
du bist ja bloß aus Stahl!«

Frau Gabel sprach: »Herr Löffel,
Ihr seid ein großer Töffel
mit Eurem Gesicht aus Zinn,
und wenn ich Euch zerkratze
mit meiner Katzentatze,
so ist Eure Schönheit hin!«

Das Messer lag daneben
und lachte: Gut gegeben!
Der Löffel aber fand:
mit Herrn und Fraun aus Eisen
ist nicht gut Kirschen speisen,
und küsste Frau Gabel galant –
die Hand.

ALEX DREPPEC
Picknick

Ich investiere den Postscheck ins Frühstück,
weil ich zack zack den Sack pack zum Picknick
und zum Cognac in den Rucksack Gebäck steck,
entzück Dich, denn schick ist der Anblick,
wenn ich auf Decken Besteck zum Gebäck deck.
Ist's kalt beim Picknick, heißt die Taktik:
Komm in den Schlafsack zum Frühstück
und schluck ohne Hektik den Cognac,
dann geht es im Zickzack durch's Waldstück.

Robert Koall
Käsehaiku

O, Old Amsterdam
namnamnamnamnamnamnam
namnamnamnamnam

ULLA HAHN
Wetter für Wörter

Wörter im Sommer die dir das Eis
aus den Zeilen lecken dass es dir
zwischen den Fingern davontropft
süßes Rinnsal Lippengerinnsel

windige Wolken und Wellen
rote Welten hinter geschlossenen Lidern
Duftjagden wortlos alles Benennen
von Hitze erstickt nur die

Würstchen vom Nachbargrill
setzen sich durch die reine
Dichtung einfach hindurch und
drüber hinweg wie ein Hund der

jetzt in die Holzkohle jault
Schnauze verbrannt
wohl noch nie was von Gnade gehört
die diese späten Junitage segnet

tief in die hellen Nächte tief in die
Atemzüge der Wörter im Sommer
Brot und Oliven Käse Tomaten
Honiglicht in den Bäumen

etwas knallt
und noch einmal der Nachbar
macht seine dritte Flasche auf
oder die vierte im Kreis der Familie

auf seinem Betongussplateau
unter flackerndem Glühbirnenlicht
stellt er das Radio an: O sole mio ...
Wörter im Sommer

jung und frisch und wie neugeboren
waren sie noch als die morgens
über den Himmel plapperten und
übers Wetter für Schwalben

gab's noch keine rote Karte
nichts als Geburtsanzeigen
in Beeten Spielfeldern Bibliotheken
vogelfußförmig gedruckt die

neusten Gedichte auf gekräuseltem
Nelkenpapier Krähengelächter fern.

BERTHOLD BELL
Die Wurst des Verderbens

Es summen die Bienlein! Die Schnucke still äst,
süß säuselt des Schäfers Schalmei.
Doch horch! Da regt sich was! Hinter der Geest!
Die Grützwurst! Die Grützwurst ist frei!

Der bucklige Bote verkündet es schrill!
Fast bricht ihm die Stimme dabei!
»Wir werden ihr trotzen! Mag kommen, was will!«
Die Grützwurst! Die Grützwurst ist frei!

Die Tiere ahnten's! Jetzt drehen sie durch!
Der Henne entschlüpfet ein Ei!
Im Sumpfe ersäufen sich Kröte und Lurch!
Die Grützwurst! Die Grützwurst ist frei!

Die Alten erschauern! Verrammeln das Tor!
Die Kinder verweigern den Brei!
Den Fenstern hämmert man Bretter vor!
Die Grützwurst! Die Grützwurst ist frei!

Und brodelnd erscheint sie an Dorfes Rand!
Mit blutigem, grässlichem Schrei!
Ein Schatten von Übelkeit fällt übers Land!
Die Grützwurst! Die Grützwurst ist frei!

Schon stürzt sie sich auf das Hünengrab!
Schon bricht es krachend entzwei!
Schon fetzt sie die ersten Dächer herab!
Die Grützwurst! Die Grützwurst ist frei!

Wie Feuersbrunst wütet sie! Heult wie der Sturm!
Wie bröckelt die Konditorei!
Wie gnadenlos grabscht sie den Glöckner vom Turm!
Die Grützwurst! Die Grützwurst ist frei!

Da graust es den Pfaffen. Da bebt die Kapell!
Da saugt's ihn aus der Sakristei!
Da wogt es und tobt es auf heiliger Schwell!
Die Grützwurst! Die Grützwurst! Da braust sie vorbei!

Klagend sinkt die Nacht hernieder,
und ein bleicher Mond blickt zagend,
fragend auf geborstne Tannen
und Ruinen, einsam ragend,
denn die Grützwurst zog von dannen.
Doch schon morgen kommt sie wieder.

Heilige Jungfrau, steh uns bei!!!

Ludwig Thoma
Tischreden

Mein Freund, bedenke dieses wohl:
Das Essen und der Alkohol,
Indem wir uns daran erlaben,
Erwecken uns die Rednergaben.
Dann steht der Mensch, klopft an das Glas
Und sagt wohl dies und sonst noch was,
Doch äußerst selten etwas Gutes.
Der Kreislauf des beschwerten Blutes,

Verdauung und der Magensaft
Sind hinderlich der Geisteskraft.
Und im Gehirn entstehen Blasen,
Und alle Worte werden Phrasen,
Und alles, was man sonst verschluckt,
Das wird am nächsten Tag gedruckt.
Wenn dann verflogen und verklungen
Der Weingeist, die Begeisterungen,

Und wenn man selber nüchtern ist,
Liest man erstaunt den eignen Mist.
Drum, außer in dem engsten Kreise,
O spreche nie verdauungsweise!

Bleib sitzen! Klopfe nicht ans Glas!
Und drückt dich nach dem Essen was,
Lass lieber einen stillen fahren!
Das wissen nur, die um dich waren.

FRANK WEDEKIND
Altes Lied

Es war einmal ein Bäcker,
Der prunkte mit einem Wanst,
Wie du ihn kühner und kecker
Dir schwerlich träumen kannst.

Er hat zum Weibe genommen
Ein würdiges Gegenstück;
Sie konnten beisammen nicht kommen,
Sie waren viel zu dick.

Peter P. Neuhaus
Abendbrot mit zwei Halunken

Schatzi, heut zum Abendbrot
kommen Heiland und der Tod.
Wollen gerne mit uns speisen
und danach nach Spanien reisen.

Wieso Spanien? Keine Ahnung!
Doch das Essen bedarf Planung.
Heiland ist nicht irgendwer!
Haben wir noch Camembert?

Auch der Tod ist ein Gourmet.
Wärm ihm doch Dein Pilz-Soufflé.
Und vom allerbesten Wein
schenken wir den beiden ein.

Sollen nochmal richtig lachen,
essen, reden, Faxen machen.
Denn vor einer großen Reise
wirken kräftigend die Speise

und der Trank. Am Ende dann
stoßen wir aufs Leben an.
Und nach diesem Gaumenschmaus
schmeißen wir die Kerle raus.

Tschüssi Heiland, Goodbye Tod!
Scheiß auf euer Angebot
von der Hoffnung, von der Angst!
Wenn wir beide, mittenmangst

in den warmen weichen Betten,
froh uns ineinander retten,
wenn wir hasten, feuertrunken –
wer braucht da die zwei Halunken?

CHRISTIAN MAINTZ
Einkaufsblues

Neulich abend ist's gewesen,
Hier ums Eck, bei Edeka,
Als ich hinterm Aufschnitt-Tresen
Dich, du Holde, stehen sah.

Weihnachtsengelblonde Locken,
Bernsteinaugen, Erdbeermund –
Himmel, war ich von den Socken,
Dachte: Donnerwetter! und:

Wird das Schicksal uns vereinen?
Enden meine Seelenpein?
Süßer Blick! Er traf den meinen
Und du sprachst: »Was darf's denn sein?«

Wardst du meiner Liebe inne?
Ach, du lächeltest kokett!
Beinah schwanden mir die Sinne,
Doch ich sagte: »Zwiebelmett,

Hundert Gramm, und eine Schnitte
Leberkäs.« Das gabst du mir.
Und du sprachst: »Der Nächste, bitte.«
Wortlos wankte ich zur Tür.

Später stand ich auf der Straße,
Regen wehte in mein Ohr,
Und mir kam in hohem Maße
Dieses Leben sinnlos vor.

Nächste Woche werd' ich's wagen;
Fragst du dann: »Was darf es sein?«
Werd' ich laut und deutlich sagen:
»Du, Geliebte, du allein!«

SABINE SCHO
hummer

er gilt als schwierige speise
sortiert sein besteck
links, die gewaltige zwinge
nimmt in die zange, das
war mal ein helgoländer
projekt der nazis
greifen und tasten und
wild tranchieren lernen
menschen von ihm

jetzt kriegen sie keinen schreck
er berücksichtigt linkshänder
hat ein gutes gedächtnis, unter-
scheidet irre relevantes von nur
mäßig interessantem, das gilt
gemeinhin als intelligent

wird gekocht bei lebendigem leibe
was fühlt ein hummer dabei
für gewöhnlich interessiert das
hungrige einen dreck

auch ein panzerkrebs erhebt
anspruch auf sein glück
schmerzfreiheiten? was für
ausnahmezustände! rezeptoren
hat man allein zu dem zweck

dass durch die härtesten panzer
reize dringen, schauen sie den
führerbunker, den kriegte man
kaum gesprengt, so gut verschalt
und doch drang noch etwas hinein
dass in ihm verschanzte wesen
roh und von eigener hand
aufhörten zu sein

Vgl. die Anmerkungen der Autorin
zu diesem Gedicht auf S. 216

CHRISTIAN MORGENSTERN
Der Hecht

Ein Hecht, vom heiligen Anton
bekehrt, beschloss, samt Frau und Sohn,
am vegetarischen Gedanken
moralisch sich emporzuranken.

Er aß seit jenem nur noch dies:
Seegras, Seerose und Seegries.
Doch Gries, Gras, Rose floss o Graus
entsetzlich wieder hinten aus.

Der ganze Teich ward angesteckt.
Fünfhundert Fische sind verreckt.
Doch Sankt Anton, gerufen eilig,
sprach nichts als: Heilig! heilig! heilig!

HEINRICH HEINE
Mir träumt': ich bin der liebe Gott

Mir träumt': ich bin der liebe Gott
Und sitz im Himmel droben,
Und Englein sitzen um mich her,
Die meine Verse loben.

Und Kuchen ess ich und Konfekt
Für manchen lieben Gulden,
Und Kardinal trink ich dabei
Und habe keine Schulden.

Doch Langeweile plagt mich sehr,
Ich wollt, ich wär auf Erden,
Und wär ich nicht der liebe Gott,
Ich könnt des Teufels werden.

Du langer Engel Gabriel,
Geh, mach dich auf die Sohlen,
Und meinen teuren Freund Eugen
Sollst du herauf mir holen.

Such ihn nicht im Kollegium,
Such ihn beim Glas Tokayer;
Such ihn nicht in der Hedwigskirch,
Such ihn bei Mamsell Meyer.

Da breitet aus sein Flügelpaar
Und fliegt herab der Engel,
Und packt ihn auf, und bringt herauf
Den Freund, den lieben Bengel.

Ja, Jung, ich bin der liebe Gott,
Und ich regier die Erde!
Ich habs ja immer dir gesagt,
Dass ich was Rechts noch werde.

Und Wunder tu ich alle Tag,
Die sollen dich entzücken,
Und dir zum Spaße will ich heut
Die Stadt Berlin beglücken.

Die Pflastersteine auf der Straß,
Die sollen jetzt sich spalten,
Und eine Auster, frisch und klar,
Soll jeder Stein enthalten.

Ein Regen von Zitronensaft
Soll tauig sie begießen,
Und in den Straßengössen soll
Der beste Rheinwein fließen.

Wie freuen die Berliner sich,
Sie gehen schon ans Fressen;
Die Herren von dem Landgericht,
Die saufen aus den Gössen.

Wie freuen die Poeten sich
Bei solchem Götterfraße!
Die Leutnants und die Fähnderichs,
Die lecken ab die Straße.

Die Leutnants und die Fähnderichs,
Das sind die klügsten Leute,
Sie denken, alle Tag geschieht
Kein Wunder so wie heute.

MANKE
Im Mauseloch

Im Mauseloch, da hälts die Maus
Vor Durst und Hunger kaum noch aus.
Der Bauch der Maus barbarisch knurrt;
Jedoch der Feind vorm Mausbau schnurrt.

Der Schoppenpetzer und die Maus
Sind einvernehmlich im Applaus,
Der stets den Spruch begleiten tat:
»Wohl dem, der keinen Kater hat!«

Weshalb, steht auf 'nem andern Blatt.

Cézanne malt und isst

I

Es eilte Paul Cézanne, der große Provenzale,
tagtäglich aufs Motiv: Der Eichbaum, die Zypresse
und ein Gebirge, weiß in silberblanker Blässe,
erwarteten von ihm, dass er in Öl sie male.

Mal malt er auf dem Berg, mal zeichnet er im Tale,
doch nicht allein das Bild erregt sein Interesse:
Die Suppe mit dem Lauch, die Suppe mit der Kresse,
im Kessel mitgebracht, gießt er in eine Schale

und isst mit Appetit, was Frau Brémond bereitet.
Dann putzt er sich den Bart, trinkt einen Marc und schreitet
an seinem Werk entlang, das er sich abgerungen.

Er püft und korrigiert noch eine letzte Linie,
dann nickt er und signiert »Die große Pinie«.
Ein tiefer Rülpser folgt. Das Werk ist ihm gelungen.

II

Den Sinn begehrt die Welt, ein Bruderherz die Schwester.
Das Universum schwebt auf unstabilen Schwingen,
raunt Einstein, Zeit und Raum verschwinden mit den Dingen,
Cézanne, tief überzeugt, fasst seinen Pinsel fester.

Kehrt er nach Haus zurück, geht er zum Schweinemäster,
das allerfeinste Stück der Hüfte mitzubringen:
Es kann Zusammenspiel im Leben nur gelingen,
wenn beides, Leib und Geist, sich finden im Orchester.

Die flinke Köchin rührt das Köstliche zusammen
im Bauch des Küchenherds mit seinen tausend Flammen
und spaltet das Atom als kluger Gastronom.

Madame begreift ihr Werk: Ob kochen, braten, schmoren,
es geht auf dieser Welt kein Molekül verloren.
Verspeiste Kreatur verwandelt sich ja nur.

III

Der Vater aller Kunst, doch voller Widersprüche!
Zwar schafft er lustbetont, sein Hirn agiert ästhetisch;
doch krankt er am Genuss, sein Harn ist diabetisch,
und der geplagte Leib geht mehr und mehr in Brüche.

Madame Brémonds Diät regiert des Malers Küche.
Jedoch ihr Reglement besteht nur theoretisch,
denn tief im Kochbetrieb lebt er nicht gern asketisch:
Ihn stimuliert Gewürz, berauschen die Gerüche.

Er riecht das Bratenfett und schöpft es löffelweise
aus dem gedickten Sud der krossen Hammelspeise,
hält sieghaft es empor – nur einen Augenblick,

und lässt's dann über Mais und Makkaroni stürzen,
Gemüse und Gratin gehörig nachzuwürzen:
So trotzt er der Diät und liebt sein Missgeschick.

Helmuth Opitz
Die Anmacher vom Abendbrottisch

Im Grunde mögen sie sich nicht, doch stehen sie
hier zwischen Tischgeschirr, Servietten, Schleifen
wie alte Herren, vereint auf einer Galerie,
um würzig-frisch dem Junggemüse nachzupfeifen.

Links Monsieur Salzstreuer himself, ein echter Kenner,
doch eitel: Wie er sich an sich selber freut!
Er hält sich für den Schärfsten hier, besonders wenn er
so locker wie jetzt gerade seine Komplimente streut.

Na Mädels, kommt! Warum noch lange warten?
Lasst mich rüber, ruft er und muss nicht mal schnaufen.
Was bleibt da den Radieschen und Tomaten
auch and'res übrig als zu kichern und rot anzulaufen?

Im Tiefsten aber spürt er – selbst beim Vernaschen –
ein Körnchen Neid. Und das nagt perfide.
Der Neid auf Essig/Öl. Zwei ausgemachte Flaschen,
doch beide leider Gottes stets liquide.

Und deshalb dürfen sie selbst den Salat,
jungfräulich, grün noch, von den Ohren zu den Schenkeln,
mit ihren Körperflüssigkeiten reich besprenkeln.
Dagegen schmeckt doch alles andere: fad.

F. W. BERNSTEIN
Ein Abwasch

Es pflatscht und schäumet. Ihr Winde blast!
Aus Tellern ragt steil ein Kochlöffelmast.
Es kentern die Tassen und Schalen und – KLIRR –
versinkt in der Tiefe das schöne Geschirr.
Die See geht hoch und Spülwasser laufen
über den Ausguss, drei Becher ersaufen.
Ein Henkel geht unter; mit glitschiger Hand
hält sich die Nudel am Bratpfannenrand.
Sie wird erbarmungslos weitergetrieben
samt dem, was von Suppe übriggeblieben.
Gibt's wirklich im Abwasch so Quallen und solche
Abwasserkröten, Krabben und Molche?
Stöpsel heraus! Dumpf gurgelt der Strudel
und reißt in den Abgrund die längliche Nudel.
Das Wasser sinkt – überm Abflussrohr,
da hebt sich schmatzend was Dickes hervor!
Am Grunde des Beckens regt es sich – HUCH! –
Was ist das? Das ist ja das Abtrockentuch.

Ode an das Müsli

FRÜCHTE, FRÜHSTÜCK, SÜSSES

BERTOLT BRECHT
Das Pflaumenlied

Als die Pflaumen reif geworden
Zeigt im Dorf sich ein Gespann
Früh am Tage, aus dem Norden
Kam ein schöner junger Mann.

Als wir warn beim Pflaumenpflücken
Legte er sich in das Gras
Blond sein Bart, und auf dem Rücken
Sah er zu, sah dies und das.

Als wir eingekocht die Pflaumen
Macht er gnädig manchen Spaß
Und er steckte seinen Daumen
Lächelnd in so manches Fass.

Als das Pflaumenmus wir aßen
War er lang auf und davon
Aber, glaubt uns, nie vergaßen
Wir den schönen jungen Mann.

Robert Gernhardt
Schneiden und scheiden

Ein guter Abend, um Pflaumen zu schneiden,
vorausgesetzt, es stimmt mit euch beiden.
Man kann beim Entkernen Gefühle erleben,
die schlichtweg erheben.

Zum Beispiel das, nicht allein zu sein.
Dann das Gefühl, zu zwein zu sein.
Sowie die Gewißheit: Was immer ihr tut –
es wird gut.

Ich rede jetzt nicht von der Marmelade.
Wenn die danebengeht, ist es kein Schade.
Auch meine ich keineswegs euer Verschränken.
Daß das in Ordnung geht, will ich gern denken.

Nein:

Ich stell mir nur vor, wie ihr Pflaumen schneidet,
wie ihr sorgsam die Kerne von Fruchtfleisch scheidet
und wie sich zwei Schalen nach und nach füllen
mit Kernen und Hüllen.

Solch Scheiden, paarweis und stetig betrieben,
steigert das Leben und fördert das Lieben,
hindert das Meiden und mindert das Leiden,
vorausgesetzt, es stimmt mit euch beiden.

STEFFEN JACOBS
Bulletin

Heute große Fahrt ins Umland,
und zur Krönung Sanssouci
(gleich hinter dem Bier- und Wurststand):
Höher stand der Himmel nie.

Kaufte frisches Obst aus Werder,
das man dann im Gehen isst.
Dachte da an Goethe, Herder,
was des Denkens würdig ist.

Wie das geht, beim Pflaumenkauen
schlafen die Gedanken ein.
Traf auf splitternackte Frauen,
waren aber nur aus Stein.

Pflanzte dann die Pflaumenkerne
um das Teehaus im Karree,
dass noch etwas von mir lerne
Gartenbaumeister Lenné.

Saß zum Abend dämmernd vis-à-
vis dem kuriosen Bau.
Alles Gute, Gruß nach Pisa,
und: Auf bald, amore. Ciao.

Hendrik Rost
Pflaumen

Spät wieder zu Hause, finde ich dich
schlafend, eine anziehende Wölbung
unter dem Laken. Es ist klar und
deswegen sehr kalt heute Nacht.
Mit meinen blutleeren Händen und
Eisfüßen dürfte ich es nicht wagen,
mich zu dir zu legen (eine ungebetene
Pause im Traum, die nach Fusel riecht).
Das Licht aus dem Kühlschrank wirkt
warm in diesem Klima, und ich mache mich
über die Nachricht her, die du wortlos
für mich hinterlassen hast. Ein Teller mit
Pflaumen, und jede einzelne schmeckt
nach einem reifen Ersatz, sehr saftig,
süß, wie die Entschuldigung für etwas,
das man sich überraschend eingesteht.

NORA BOSSONG
Dörrpflaumen

Ich trockne Pflaumen auf der Heizung,
schenke sie meiner Großmutter zum Todestag
ihres Mannes. Sie freut sich. Mein Großvater
brachte mir das Schwimmen bei und ertrank
in der Badewanne, während meine Großmutter
Brötchen kaufte. Das Wasser ließ sie
erst nach drei Tagen ab und rieb
die Wanne mit Salz aus.
Jetzt sitzt sie täglich in der Küche
und isst meine Pflaumen
und ihre Verdauung, sagt sie,
ist wieder so gut wie früher.

MATTHIAS POLITYCKI
Ode an das Müsli
Schnellkursus Werbelyrik

Unmöglich,
ein Gedicht über Müsli zu schreiben,
über den krossgebacknen Knusperspaß
aus Vollkornglück, erst recht über das,
was neben Honig, Meersalz, Sonnenblumenöl,
Rohrzucker, Reis-Crispies, Palmfett und Weizensirup
noch alles, zwecks Verfeinerung, hinzuzugeben wäre:

Geraspelte Osterhasen (können Spuren von Alupapier
                                              enthalten),
geschredderte Haselsträucher (können Spuren von
                                              Nüssen enthalten),
Kokosopiat oder Kirschblütenlakritz,
Katzenzungen oder Schweinsohren,
vor allem: schwarze und rote Problembeeren
und Melonensashimi mit Origami
oder –

Unglaublich, wenn sich das alles,
mit der Kraft und der Keuschheit kalter Milch vermischt,
am Gaumen präsentiert, wenn Duft von feinen Sommerwiesen
in samtigen Aromen explodiert, frisch und
charmant beide Backen befüllt, um
im Abgang mit eleganter süßsaurer Länge zu schließen
: ein Gedicht

über Müsli zu schreiben,
unmöglich. Entweder man schmeckt es, oder
man schmeckt es eben nicht.

HEINZ ERHARDT
Warum die Zitronen sauer wurden

Ich muss das wirklich mal betonen:
Ganz früher waren die Zitronen
(ich weiß nur nicht genau mehr, wann dies
gewesen ist) so *süß* wie Kandis.

Bis sie einst sprachen: »Wir Zitronen,
wir wollen groß sein wie Melonen!
Auch finden wir das Gelb abscheulich,
wir wollen rot sein oder bläulich!«

Gott hörte oben die Beschwerden
und sagte: »Daraus kann nichts werden!
Ihr müsst so bleiben! Ich bedauer!«
Da wurden die Zitronen sauer ...

PETER GAN
Osterepistel mit einem Ei
(an Jan's Mutter, zum 29. März 1964)

> *»Von höherer Freiheit bei innerer*
> *Gesetzmäßigkeit ist die Eilinie.«*
> *Hegel, X I, 180*

> *»Bete und betrachte.«*
> *Platon, Phileb. 25b*

Theresa, nimm dies Osterei!
Betrachte dir's und denk dabei,
was ich mir selber auch gedacht,
eh ich dir's zum Geschenk gemacht.
Schau's an! Es ist beinahe rund
und auch beinah elliptisch und
doch keins von beiden, nur ›beinah‹.
Welch ein Geheimnis will sich da,
dir dich entdeckend, scheu verstecken,
um nicht zu jäh dich zu erschrecken?
Denn Schöne, welche nichts bezweckt
als eben schön zu sein, erschreckt.
So ist sie ewig überschwänglich,
und wär sie auch (statt rund) nur länglich:
zwecklos-vollkommen, selig-frei,
und völlig zweckhaft, kurz, ein Ei:
zweieinig, sinngemäß *und* schön,
und nie vollkommen einzusehn;

denn das Vollkommene entschwebt
der strengen Regel, weil es *lebt!* –

Kein Ei, das einem andern gleicht!
wie auch kein Blatt, und wie vielleicht
kein Sandkorn lebt, das, gottgesiegelt,
nicht Meer und Wind *besonders* spiegelt!
Nun erst ein Antlitz! seine Züge!
Kinn, Augen, Nase! – wem verschlüge
es nicht den Atem beim Gedanken,
dass trotz der dürftigen Werdeschranken,
in die der nüchterne Verstand
der Mengenlehre alles bannt,
ein jedes Individuum
(und sei es noch so zifferndumm
und noch so pfannekuchenplatt)
doch seine *eigne* Nase hat
und unbefangen, wie du siehst,
sein Einmaleinzigsein genießt.

Dies alles weiß dein Osterei.
Bewundre es mit mir und sei
mit mir ergriffen, sink ins Knie!
Bescheidene Epiphanie
und makelloses Heureka
des Weltengeistes liegt es da.
Nimm's in die Hand, trag's fromm nach Haus,
bohr's betend an und blas es aus.
Leg seinen leeren Augenschein,
Gleichnis der Fülle, in den Schrein

aus lauter lautrem Bergkristall:
Ein holdes Nichts, ein heilig All!
Dann lass uns (die sich sattgesehn)
im Grunewald spazieren gehn,
wo schon die ersten, weiß und grün,
März-Oster-Anemonen blühn.

THOMAS GSELLA
Das Frühstücksei

Die allererste Sauerei
Ist die am frühen Morgen:
Zum Frühstück schenkt das Hühnerei
Uns erste Wut und Sorgen.

Es ist zu heiß, nicht abgeschreckt,
Es ist zu hart und stinkt nach Fisch,
Es ist zu weich, die Schale leckt,
Gelb suppt der Glibber auf den Tisch –

Das Ei ist nie, wie man es will.
Man kann das Ei nicht essen.
Man schmeißt den Plunder in den Müll
Und kann den Tag vergessen.

RAINER MARIA RILKE
Voller Apfel, Birne und Banane

Voller Apfel, Birne und Banane,
Stachelbeere … Alles dieses spricht
Tod und Leben in den Mund … Ich ahne …
Lest es einem Kind vom Angesicht,

wenn es sie erschmeckt. Dies kommt von weit.
Wird euch langsam namenlos im Munde?
Wo sonst Worte waren, fließen Funde,
aus dem Fruchtfleisch überrascht befreit.

Wagt zu sagen, was ihr Apfel nennt.
Diese Süße, die sich erst verdichtet,
um, im Schmecken leise aufgerichtet,

klar zu werden, wach und transparent,
doppeldeutig, sonnig, erdig, hiesig –:
O Erfahrung, Fühlung, Freude –, riesig!

JOACHIM RINGELNATZ
Frucht – Zucht – Frucht

Bananen, Melonen, Ananas –
Alle Früchte haben etwas –
Frei gesagt: Unanständiges,
Etwas Nuditätes an sich.
Darüber freue ich mich.
Denn das ist etwas Unbändiges.
Instinktiv oder auch bewusst
Haben wir alle daran unsere Lust.

Aber die darüber erschreckt sind,
Sich entrüsten und jemand verklagen,
Denen wollen wir andere sagen,
Dass wir schon lange nicht mehr a. A. geleckt sind

Und das muss – wenn auch nur theoretisch –
Immer mal wieder auf Erden geschehn,
Sonst werden wir Mehlbrei und hyperästhetisch
Und werden rot, wenn wir Pfirsiche sehn.

Nora Bossong
Er sagt

Das Fallobst sammelt mir mein Liebster
tags und noch bevor es fällt.
Er bringt mir Äpfel mit
und wischt zwei Tassen aus.
Es wiegt so wenig in der Hand,
es fühlt sich schon zerbrochen an,
das Porzellan von seiner Oma.
Die Tassen seien Mitgift,
seine Oma früh verstorben.
Wie bei Schneewittchen sei
ihr Sarg aus Glas gewesen
und ihre Haut aus Porzellan.
Er sagt mir, China liegt in Meißen
und der Apfelbaum steht hinterm Haus.

MICHAEL KRÜGER
P. S.

für Marianne und Peter

Gestern gab es Apfelkompott von Äpfeln aus Tutzing,
die wir gleichsam von Geburt an kannten:
schon die Blüte hatten wir bewundert, ihren hellen
Schrei im Frühling, später die grünen Bällchen
und das Weißwerden des Grases nach dem Sturm.
Wir haben beobachtet, wie die Äpfel größer wurden
und sich mit Flecken überzogen, aber immer grün blieben,
grün-schwarze Äpfel. Schon im Sommer haben wir
daran gedacht, wie sie wohl im Herbst schmecken würden,
und als die ersten Äpfel im Gras lagen, Grün in Grün,
haben wir sie für die Hunde durch den Garten geworfen,
für Billie und Ella. Seit vielen Jahren schon
verlassen wir uns auf die Äpfel im Tutzinger Garten.
Während die Welt (was immer das ist) uns nötigt,
die Relativität alles Wissens vorauszusetzen,
und wir nur noch verstehen, weil wir nichts mehr
durchschauen, ist die Lektion des Apfelbaums einfach:
altmodisch wird sie Jahr für Jahr wiederholt,
unabhängig davon, was Menschen voneinander halten,
mit einer Gewissheit, von der Vernunft nur träumen kann.
Kurz nach dem Frost, der Krieg war nach Westen gezogen,
haben wir die Äpfel gepflückt, die nun schon alt
aussahen, krank und hinfällig, wie es sich gehört.
Sie schmeckten besonders gut, etwas säuerlich,
so dass man nach dem ersten Bissen einhalten musste.
Und gestern nun gab es den Rest als Kompott.

Beim Essen unterhielten wir uns lange darüber,
dass wir immer eine Realität voraussetzen müssen,
auf die wir dann reagieren können, so oder so.
Richtig glücklich waren wir nicht.

GÜNTER EICH
Bratapfellied

Es gibt der Früchte eine,
die winters erst gedeiht,
versteckt vorm Sonnenscheine,
wanns regnet oder schneit,
wanns friert uns an der Nasen,
wanns grimmt am Ohre auch,
herzhaft der Ofen prasselt,
das Holz verbrennt zu Rauch.
Bratapfel in der Röhre,
du duftest mild und rein –
so ich dich brutzeln höre,
kein Lied kann schöner sein.

Und beiß ich in die Schale
und ins gebräunte Fleisch,
so glaubt mir: diesem Mahle,
kein andres kommt ihm gleich.
Kein Koch kann Bessres braten,
soviel er Würzen sucht,
es schmeckt nach reiner Wärme
und schmeckt nach reiner Frucht.
Bratapfel in der Röhre,
du duftest mild und rein –
so ich dich brutzeln höre,
kein Lied kann schöner sein.

Barbara Köhler
Sonntagskind

tante charlottes kremtorten mit guter butter
marmeladengefüllt tante nogelas erdbeertorten
mit einer dicken schicht buttercreme tante
elfriedes windbeutel mit süßer sahne so weiß
wie das plisseeröckchen nicht kleckern pass auf
mit dem muckefuck klatsch aus drei dörfern
und einer kleinstadt die spitzenrüschen
der schlüpfer kratzten die roten lackschuhe aber
liebte ich sie drückten vom ersten tag an
süßkirschenrot ruckediguk ich werde gelobt
weil ich beim spazierengehen nicht rannte
am verwaisten Holunderbusch vorbei der höhle
am kohlenplatz sonntags gibt's keine kinder
im brennesselpark im wald erzählten die großen
von männern die kleine mädchen verschleppen
die zeit klebte in den tortenresten wie fliegen
dutzendweise am gelben streifen die schwarz
von den lampen hingen nichts schmeckte manchmal
aß ich zwei stück torte und kotzte und träumte
von verschleppung in eine gegend wo es keine
sonntage gibt das kind macht einen knicks
bedankt sich und flüchtet in die zu enge liebe
süßkirschenrot und glänzend

Claudia Bräutigam
Liebeserklärung

Du, ich fühl mich ungelogen
magisch zu dir hingezogen,
seit ich dich beim Bäcker traf.
Millionen Moleküle
überschäumender Gefühle
rauben mir den Schönheitsschlaf.

Du, ich stopf mir schon seit Wochen
Spritzgebäck und Liebesknochen
in den Aphroditenbauch,
doch es hört nicht auf zu brodeln
und ich werd vor Freude jodeln,
wenn du sagst, du spürst es auch.

Du, ich möchte mit dir kuscheln,
dir vertraut ins Öhrchen nuscheln:
»Du bist nicht wie Kunz und Hinz!«
Will von deinem Apfel beißen
und für dich Schneewittchen heißen,
denn du bist mein Märchenprinz.

Du, ich lass auf meinem Rasen
deine Ziegenherde grasen,
räum die Schränke für dich leer,
repariere deinen Wagen,
würde dich auf Händen tragen,
wenn du sagst: »Ich kann nicht mehr!«

Du, ich würde dir erlauben,
die Regale abzustauben,
und ich bügle dir sogar
ohne merkliches Befremden
die türkisgestreiften Hemden
für 'nen Kuss als Honorar.

Du, ich möchte mit dir streiten,
dich zum Fußballspiel begleiten
nach verlorner Kissenschlacht,
pflück dir bunte Tausendschönchen,
schenk dir Töchterchen und Söhnchen.
Willst du sieben oder acht?

alles, was ich noch besaß

alles, was ich noch besaß,
war dieser eine elefant,
der gerne schokolade aß, *
der still im badezimmer stand,

gebräuntes leitungswasser trank,
den rücken an der decke rieb
und, ständig herz- und magenkrank,
verstarb, als ich gedichte schrieb,

die jenen letzten elefanten
retten sollten, eines war
ganz gut, zumindest sonderbar,

um jahre ging es, die verbrannten,
um kohle, die zum diamanten
werden würde, wär sie da.

* deleted rhyme: gemüse statt der schokolade
fand der elefant zu fade

OTTO JÄGERSBERG:
Vor der Liebe

Bevor Anita die Liebe kannte
aß sie Liebesperlen
in allen Farben Liebesperlen
Liebesperlen gemischt
in der Nuckelflasche

Anita nascht Liebesperlen
schrieb der Lehrer ins Klassenbuch
während des Unterrichts
Wütend stampfte sein Holzbein
auf die Nuckelflasche

Tausend Liebesperlen rollten
auf dem Klassenboden
Die suchst du alle auf Anita
nach dem Klingelzeichen

Anita leckte ihren Daumen
Tupfte die Liebesperlen auf
Liebesperlen gemischt
unter Tischen und Bänken

Wenn wir heute Anita sehn
Hallo Anita wie geht's
Keine Zeit pausenlos
auf der Suche
nach Liebesperlen

Robert Koall
Als mal Weingummi bei uns im Klo lag

Ein Gummibär von Haribo
liegt seit zwei Tagen schon im Klo
und trotzt den Elementen.
Obwohl er in der Scheiße steckt,
blieb er anscheinend unbefleckt
von unsern Exkrementen.
Der Bär soll Dir ein Vorbild sein.
Bleib stets so standhaft, süß und rein!
Tu's gleich dem kleinen Bären!
Dann machst Du Deine Kinder froh
und die Erwachs'nen ebenso.
Das will der Bär uns lehren.

Epilog
Heut morgen war das Bärchen fort,
Das Schüsselwasser rötlich.
Es ist an einem bess'ren Ort.
Das Leben endet tödlich.

Nachwort

Das Thema Kulinarik ist für Lyrik eigentlich unpassend. Gedichte sind nach traditionellem Verständnis entweder hehre Gesänge über's Grundsätzliche wie z.B. bei Hölderlin:

> Lern im Leben die Kunst, im Kunstwerk lerne das
> Leben,
> Siehst du das eine recht, siehst du das andere auch.

oder unmittelbare Herzensergießungen des lyrischen Ichs wie etwa bei Goethe:

> Dich sah ich, und die milde Freude
> Floss von dem süssen Blick auf mich;
> Ganz war mein Herz an deiner Seite
> Und jeder Atemzug für dich.

Die Bratkartoffel zu bedichten, den Rosenkohl oder auch den Teebeutel kann demgegenüber als Profanisierung, ja Banalisierung der hohen Form gesehen werden – und klassische Lyriker wie Hölderlin oder Goethe haben sich solcher Vergehen denn auch kaum je schuldig gemacht.

Gleichwohl gibt es durchaus eine vielfältige Tradition kulinarischer Lyrik; sie findet sich ursprünglich vielfach abseits der Hochliteratur, in der geselligen, volkstümlichen »Unsinnspoesie«. Der zweizeilige Leberreim beispielsweise ist eine historische Form der Stegreifdichtung, die besonders im 17. und 18. Jahrhundert im deutschsprachigen Raum verbreitet war. Während eines Festessens musste derjenige Gast, der als erster ein Lebergericht serviert bekam, die Eröffnungsformel aufsagen: »Die Leber ist von einem Hecht und nicht von …« – hier war ein zweiter Tiername einzufügen. Ein anderer Gast hatte den Leberreim dann mit einem spontan improvisierten, reimenden und möglichst auch noch lustigen Vers zu komplettieren. Ein Beispiel:

Die Leber ist von einem Hecht
und nicht von einem Gaul,
und wenn du weiter leberreimst,
stopf ich sie dir ins Maul.

Vermutlich wurde speziell die Leber als Motiv gewählt, weil sie als Indikator des Wohlbefindens gilt und zudem dafür bekannt ist, stark auf Alkoholkonsum zu reagieren. Der Hecht als Raubfisch soll sicherlich ungehemmten Appetit signalisieren.

Leberreime entstanden also wie zahlreiche andere Formen der Tisch- und Trinkspruchdichtung als unmittelbarer Teil der Lebenspraxis, als soziales Spiel, als Ausdruck und zur Steigerung von Festtagsgenuss und Gemeinschaftlichkeit – und jedenfalls jenseits normativer ästhetischer Ambitionen. Aufgrund ihrer Popularität wurden Leberreime aber zunehmend auch in gedruckter Form verbreitet. Etliche prominente Autoren bekundeten Spaß am lyrischen Ulk und beteiligten sich mit eigenen Genre-Beiträgen; ein spätes Beispiel aus der Feder Theodor Fontanes findet sich in der vorliegenden Sammlung (vgl. S. 41).

Im 19. Jahrhundert, nach dem Ende der Klassik Goethes und Schillers, wandelt sich die deutsche Lyrik hin zu realistischeren, auch humoristisch-ironischen Schreibweisen. Im Zuge dessen werden kulinarische Motive verstärkt auch von hochliterarischen Autoren aufgegriffen. Wenn etwa Heinrich Heine üppige Mahlzeiten besingt, was er augenfällig häufig tut (»Sei mir gegrüßt, mein Sauerkraut / Holdselig sind deine Gerüche«, siehe S. 34), dann ist dies nicht zuletzt ein spöttischer Affront gegen den Idealismus der klassischen, von ihm so genannten »Kunstperiode«, eine demonstrative Hinwendung zum Materiellen und Konkreten. Und auch die nüchtern-lakonischen Verse Wilhelm Buschs, die vielfach von bürgerlichen Ess-, Trink- und Kochgewohnheiten handeln (»Es wird mit Recht ein guter Braten / Gerechnet zu den guten Taten«, siehe S. 16), beziehen ihre komische Wirkung wesentlich aus dem Kontrast gegenüber der feierlich-erhabenen Diktion klassischer Dichtung.

Das Stichwort Komik ist für die kulinarische Lyrik insgesamt von grundlegender Bedeutung. Komische Dichtung lässt sich weithin als ein parodistischer Gegendiskurs zur ernsten Gattungstradition lesen. Sie sucht ihre Sujets vielfach im Alltäglich-Profanen, literarisch bis dato Ausgesparten, erzeugt dadurch Fallhöhen zwischen überlieferter Form und »unpassendem« Inhalt, was zum Lachen reizt. Heine und Busch haben dieses Prinzip in der deutschsprachigen Lyrik etabliert und damit Generationen nachfolgender humoristischer Autoren inspiriert; die hier anschließende Traditionslinie reicht beispielsweise von Christian Morgenstern und Joachim Ringelnatz über Erich Kästner bis zu Ror Wolf, Robert Gernhardt und F.W. Bernstein. Und nicht zufällig spielen die Themen Essen und Trinken in den Arbeiten aller genannten Dichter eine prominente Rolle; zahlreiche Textbeispiele finden sich in der vorliegenden Anthologie.

Kulinarische Dichtung zeigt also quasi eine natürliche Affinität zum Komischen, wenn auch durchaus nicht immer. Die moderne und postmoderne Lyrik erweitert generell das thematische Repertoire der Gattung und lenkt den Blick vielfach auch ohne humoristischen Gestus auf »unliterarische«, alltägliche Gegenstände wie beispielsweise Nahrungsmittel oder die Nahrungsaufnahme. Wenn Rainer Maria Rilke ein Sonett über *Apfel, Birne und Banane* schreibt (S. 173), feiert und erhöht er ganz ironiefrei das Geschmackserlebnis des Früchteessens. Andere neuere Dichterinnen und Dichter verknüpfen kulinarische Motive mit klassischen »großen Themen« der Literatur. So spiegelt bei Barbara Köhler die Erinnerung an sonntägliche Kaffee-und-Kuchen-Rituale klebrige Kindheitsbeengungen (S. 179); bei Michael Krüger wird der Genuss eines Apfelkompotts zum Anlass für eine melancholische Reflexion über die Zeit (S. 176); bei Heinrich Detering empfängt eine Sterbende in ihrer Küche »den Herrn Jesus« und trinkt Doornkaat mit ihm (S. 109).

Von speziellem Reiz sind Gedichte unterschiedlicher Autoren mit identischem Motiv. So haben etwa Matthias Claudius (S. 63), Günter Eich (S. 64) und Hans Magnus Enzensberger (S. 66) die Kartoffel bedichtet; weiterhin enthält unsere Sammlung ganz unterschiedliche Pflaumenlieder von Bertolt Brecht (S. 161), Robert Gernhardt (S. 162), Steffen Jacobs (S. 163), Hendrik Rost (S. 164) und Nora Bossong (S. 165). Philip Saß (S. 68) und Thomas Gsella (S. 70) erörtern den Spinat kontrovers; und auch das Bier wird vielfach besungen, so z.B. von F.W. Bernstein (S. 101), Dirk von Petersdorff (S. 102), Robert Walser (S. 104), Robert Gernhardt (S. 124) u.a.

Unsere Anthologie zeigt also im Hinblick auf ihr Thema eine bemerkenswert große perspektivische und gestische Bandbreite. Nach Art des Leberreims können kulinarische Gedichte unmittelbaren Genuss, vitale Freude am Essen und Trinken ausdrücken; sie können aber etwa auch von Vergänglichkeit und Tod handeln. Zudem belegt die vorliegende Auswahl einmal mehr, dass Lyrik eine besonders traditionsbewusste Textgattung ist. Mit Recht schreibt der Literaturwissenschaftler Heinz Schlaffer: »Unvermeidlich schreibt und liest man Gedichte stets vor dem Hintergrund bereits geschriebener und gelesener Gedichte.« Wie angedeutet beziehen sich die Gedichte dieser Sammlung vielfältig aufeinander, etwa indem Motive zitiert und variiert, Formen adaptiert und parodiert werden.

In seinem *Bierlied* (siehe S. 101) besingt F.W. Bernstein den Gerstensaft mit einem neuen, munteren Hedonismus, wie er der literarischen Moderne zwischenzeitlich weithin abhanden gekommen war, und greift damit auf den unbekümmerten Gestus geselliger Trinkspruchdichtung zurück. Andererseits aber lässt er die hochliterarische Tradition lyrischen Sprechens – hier eine berühmte Weise des Freiherrn von Eichendorff – explizit mit anklingen und reiht das Gedicht damit demonstrativ in die Gattungsgeschichte ein:

> Im schönsten Bierglasgrunde,
> da schäumt ein blondes Bier
> nicht weit von deinem Munde.
> Dies Bier, das will zu dir.

Bernsteins Text und hoffentlich die gesamte Anthologie zeigen also nicht zuletzt dies: Gedichte können hochgradig form- und geschichtsbewusst sein und für Leserinnen und Leser dennoch – oder eben deshalb – ungehemmte Freude bedeuten.

Christian Maintz

Autoren- und Quellenverzeichnis

Anonym:
Leberreime (S. 40)
Zit. nach: https://de.wikipedia.org/wiki/Leberreim (Zugriff: 14.03.2018).

Berthold Bell (1948):
(1) Das Wunder von Cölln (S. 117)
(2) Die Wurst des Verderbens (S. 138)
Aus: Joachim Dennhart (Hrsg.): Europa erlesen – Köln, Wieser, Klagenfurt 2005 (1). Titanic. Das endgültige Satiremagazin 10/1981. Beilage Ko-Li-Bri (2). Mit freundlicher Genehmigung des Autors.

Gottfried Benn (1886–1956):
Restaurant (S. 85)
Aus: Gottfried Benn, Sämtliche Gedichte, Klett-Cotta, Stuttgart 1998.

F. W. Bernstein (1938):
(1) Vom schönen Knödeltum (S. 50)
(2) Bierlied (S. 101)
(3) Siebzehn Bier (S. 127)
(4) Ein Abwasch (S. 157)
Aus: F.W. Bernstein, Die Gedichte, Kunstmann, München 2003 (1, 2). F.W. Bernstein, Frische Gedichte, Kunstmann, München 2016 (3, 4).

Otto Julius Bierbaum (1865–1910):
Das Mittagessen (S. 33)
Aus: Otto Julius Bierbaum, Gesammelte Werke. Bd. 1: Gedichte, Georg Müller, München 1922.

Simon Borowiak (1964):
Spirituosen leben (S. 106)
Aus: Simon Borowiak, Ein Zug durch die Gemeinde, Eichborn,
Frankfurt a. M. 1994.

Nora Bossong (1982):
(1) Dörrpflaumen (S. 165)
(2) Er sagt (S. 175)
Aus: Nora Bossong, Reglose Jagd. Gedichte, zu Klampen,
Springe 2014.

Bastian Böttcher (1974):
Sushi (S. 8)
In: Lyrik von jetzt. Hrsg. von Björn Kuhligk und Jan Wagner,
DuMont, Köln 2003.

Claudia Bräutigam (1956):
Liebeserklärung (S. 180)
In: Michael Domas (Hrsg.): anhaltender ritus. Liebeslyrik im 21.
Jahrhundert, Verlag Rote Zahlen, Buxtehude 2013.

Bertolt Brecht (1898–1956):
(1) Wenn sie trinkt, fällt sie in jedes Bett (S. 107)
(2) Liedchen aus alter Zeit (S. 125)
(3) Das Pflaumenlied (S. 161)
Aus: Bertolt Brecht, Werke. Große kommentierte Berliner und
Frankfurter Ausgabe, Band 14: Gedichte 4. © Bertolt-Brecht-
Erben / Suhrkamp Verlag 1993 (1). Bertolt Brecht, Die Gedichte.
S. 976. © Suhrkamp Verlag Frankfurt am Main 1981. Alle Rechte
bei und vorbehalten durch Suhrkamp Verlag Berlin. (2). Bertolt
Brecht, Werke. Große kommentierte Berliner und Frankfurter
Ausgabe, Band 15: Gedichte 5. © Bertolt-Brecht-Erben / Suhr-
kamp Verlag 1993 (3).

Hermann Broch (1886–1951):
Kulinarisches Liebeslied (S. 44)
Aus: Hermann Broch, Kommentierte Werkausgabe in 13 Bänden.
Herausgegeben von Paul Michael Lutzeler, Band 8: Gedichte. ©
Suhrkamp Verlag Frankfurt am Main 1980. Alle Rechte bei und
vorbehalten durch Suhrkamp Verlag Berlin.

Wilhelm Busch (1832–1908):
(1) Pfannkuchen und Salat (S. 10)
(2) Es wird mit Recht ein guter Braten (S. 16)
Aus: Wilhelm Busch, Sämtliche Werke I. Und die Moral von der
Geschicht. Hrsg. von Rolf Hochhuth, C. Bertelsmann, München
1982. (1). Wilhelm Busch, Sämtliche Werke II., ebd. (2).

Matthias Claudius (1740–1815):
Kartoffellied (S. 63)
Aus: Matthias Claudius, Sämtliche Werke. Hrsg. von Hansludwig
Geiger, Stürtz, Würzburg 1964.

Heinrich Detering (1959):
Frau Keun, am Ende (S. 109)
Aus: Heinrich Detering, Wrist. Gedichte, Wallstein, Göttingen
2009.

Alex Dreppec (1968):
(1) Schöpferkelle (S. 14)
(2) Picknick (S. 134)
Aus: Alex Drepec, Glasaugenstern, chiliverlag, Verl 2015.

Wiglaf Droste (1961):
(1) Sitting Küchenbull (S. 12)
(2) Heiße Hühnersuppe heilt (S. 18)
(3) Aus dem Kräutergarten (S. 61)
Aus: Wiglaf Droste, nutzt gar nichts, es ist Liebe. Gedichte. Re-
clam Verlag, Leipzig 2005 (1, 2). Wiglaf Droste, Wasabi dir nur
getan? Gedichte, Kunstmann, München 2015 (3).

Fritz Eckenga (1955):
Der Wein war ein Gedicht (S. 20)
Aus: Fritz Eckenga, Mit mir im Reimen. Alle Gedichte und neue,
Kunstmann, München 2015.

Günter Eich (1907–1972):
(1) Von der Kartoffel (S. 64)
(2) Bratapfellied (S. 178)
Aus: Günter Eich, Gesammelte Werke in vier Bänden. Band 1:
Die Gedichte. Die Maulwurfe. Herausgegeben von Axel Vieregg.
© Suhrkamp Verlag Frankfurt am Main 1991. Alle Rechte bei
und vorbehalten durch Suhrkamp Verlag Berlin.

Hans Magnus Enzensberger (1929):
Ein erdfarbenes Liedchen (S. 66)
Aus: Hans Magnus Enzensberger, Die Geschichte der Wolken.
99 Meditationen, © Suhrkamp Verlag Frankfurt am Main 2003.
Alle Rechte bei und vorbehalten durch Suhrkamp Verlag Berlin.

Heinz Erhardt (1909–1979):
Warum die Zitronen sauer wurden (S. 168)
Aus: Heinz Erhardt, Die Gedichte, Lappan Verlag, Oldenburg
2015.

Theodor Fontane (1819–1898):
Leberreim (S. 41)
Aus: Theodor Fontane, Werke, Schriften und Briefe Abt. II: Wan-
derungen durch die Mark Brandenburg Bd. 2. Hrsg. von Walter
Keitel/Helmuth Nürnberger. 3. Aufl. München, Wien 1987.

Peter Gan (1894–1974):
Osterepistel mit einem Ei (S. 169)
Aus: Peter Gan, Gesammelte Werke Bd. 2. Hrsg. von Friedhelm
Kemp, Wallstein, Göttingen 1997.

Robert Gernhardt (1937):
(1) Nichttrinklied (S. 108)
(2) Am Abend (S. 114)
(3) Das Schnabeltier (S. 124)
(4) Ökumenischer Dialog (S. 126)
(5) Schneiden und Scheiden (S. 162)
Aus: Robert Gernhardt, Gesammelte Gedichte 1954-2006, © S. Fischer Verlag GmbH, Frankfurt am Main 2008

Max Goldt (1958):
Senf drauf (S. 15)
Aus: Max Goldt, Mein äußerst schwer erziehbarer schwuler Schwager aus der Schweiz, a-verbal, Berlin 1984.

Thomas Gsella (1958)
(1) Der Rosenkohl (S. 70)
(2) Der Durst (S. 105)
(3) Das Frühstücksei (S. 172)
Aus: Thomas Gsella, Saukopf Natur. Gedichte, Kunstmann, München 2016.

Ulla Hahn (1945):
(1) Reibekuchen (S. 89)
(2) Wetter für Wörter (S. 136)
Aus: Ulla Hahn, Gesammelte Gedichte, © 2013 Deutsche Verlags-Anstalt, München, in der Verlagsgruppe Random House GmbH.

Ferdinand Hardekopf (1876–1954):
(1) Herr Salzmann-Zwei in Alexandrinern (S. 54)
(2) Zwiegespräch (S. 75)
Aus: Ferdinand Hardekopf, Gesammelte Dichtungen. Hrsg. von Emmy Moor-Wittenbach, Arche, Zürich 1963 (1).
In: Peter Rühmkorf (Hrsg.): 131 expressionistische Gedichte, Wagenbach Berlin 1976 (2).

Ludwig Harig (1927–2018)
Cézanne malt und isst (S. 153)
In: Heinz Ludwig Arnold/Christiane Feuerstein (Hrsg.): Das literarische Bankett, Kiepenheuer, Leipzig 1996.

Harald Hartung (1932)
Steakhaus (S. 80)
Aus: Harald Hartung, Aktennotiz meines Engels. Gedichte 1957–2004, Wallstein, Göttingen 2005.

Heinrich Heine (1797–1856):
(1) Deutschland. Ein Wintermärchen [Caput IX] (S. 34)
(2) Deutschland. Ein Wintermärchen [Caput XX] (S. 47)
(3) Mir träumt': ich bin der liebe Gott (S. 149)
Aus: Heinrich Heine, Sämtliche Schriften. Hrsg. von Klaus Briegleb. Bd. 1. 2. Aufl. Hanser, München 1975 (1). Bd. 4. Hanser, München 1971 (2, 3).

Max Herrmann-Neiße (1886–1941):
(1) Die Fressorgie (S. 52)
(2) Gastwirtstochter (S. 82)
Aus: Max Hermann-Neiße, Gesammelte Werke. Hrsg. von Klaus Völker. Mir bleibt mein Lied. Gedichte 4. 2. Aufl. Zweitausendeins, Frankfurt a. M. 1990.

Friedrich Hollaender (1896–1976):
Stroganoff (S. 24)
Music & Lyrics: Friedrich Holländer, Robert Gilbert. © Frederick Hollander Music with courtesy of Budde Music

Gunnar Homann (1964)
Hobbyköche (S. 22)
Erstveröffentlichung; mit freundlicher Genehmigung des Autors.

Steffen Jacobs (1968):
Bulletin (S. 163)

Aus: Steffen Jacobs, Der Alltag des Abenteurers. Gedichte, © S. Fischer Verlag GmbH, Frankfurt am Main 1996.

Otto Jägersberg (1942):
Vor der Liebe (S. 183)
Aus: Otto Jägersberg: Wein, Liebe, Vaterland, © 1985 Diogenes Verlag AG Zürich.

Ernst Jandl (1925–2000):
mahlzeit (S. 39)
Aus: Ernst Jandl, Werke in 6 Bänden (Neuausgabe). Hrsg. von Klaus Siblewski. © 2016 Luchterhand Verlag, München in der Verlagsgruppe Random House.

Erich Kästner (1899–1974):
Gefährliches Lokal (S. 78)
Aus: Erich Kästner, Ein Mann gibt Auskunft © Atrium Verlag AG, Zürich 1930 und Thomas Kästner.

Mascha Kaléko (1899–1974):
Wie wär's mit einem Borschtsch (S. 9)
Aus: Mascha Kaléko, Die paar leuchtenden Jahre, © 2003 dtv Verlagsgesellschaft, München.

Robert Koall (1972):
Käsehaiku (S. 135)
Als mal Weingummi bei uns im Klo lag (S. 184)
In: Peter P. Neuhaus (Hrsg.): Der große Dinggang, Eigenverlag, Menden 2017. Mit freundlicher Genehmigung des Autors.

Barbara Köhler (1959):
Sonntagskind (S. 179)
Aus: Barbara Köhler, Deutsches Roulette, © Suhrkamp Verlag Frankfurt am Main 1991. Alle Rechte bei und vorbehalten durch Suhrkamp Verlag Berlin.

Hellmut Krausser (1964):
alles, was ich noch besaß (S. 182)
Aus: Hellmut Krausser, Plasma. Gedichte 03–07, DuMont, Köln 2007.

Michael Krüger (1943):
P.S. (S. 176)
Aus: Michael Krüger, Brief nach Hause. Gedichte. © 1993 Residenz Verlag GmbH, Salzburg – Wien.

Katja Lange-Müller (1951):
Broiler-Requiem (S. 84)
In: Rainer Kirsch/Manfred Wolter (Hrsg.): Das letzte Mahl mit der Geliebten, Eulenspiegel, Berlin 1975.

Hans Leip (1893–1983):
Seefischküche (S. 90)
Aus: Hans Leip, Die Hafenorgel, dtv Verlagsgesellschaft, München 1981.

Dagmar Leupold (1955):
Wunderhorn (S. 88)
Aus: Dagmar Leupold, Byrons Feldbett. Gedichte, © S. Fischer Verlag GmbH, Frankfurt am Main 2001.

Alfred Lichtenstein (1893–1983):
Der Angetrunkene (S. 115)
Aus: Alfred Lichtenstein, Gesammelte Gedichte © 1962 by Arche Literatur Verlag AG, Zürich-Hamburg.

Christian Maintz (1958):
(1) Liebe in Lokalen (S. 76)
(2) Neujahrsmoritat (S. 96)
(3) Einkaufsblues (S. 144)
Aus: Christian Maintz, Liebe in Lokalen. Gedichte, Kunstmann, München 2016 (1, 3). In: die tageszeitung, 30./31.12.2017 (2).

Manke (1949):
(1) Letzte Runde (S. 95)
(2) Im Mauseloch (S. 152)
Aus: Manke, Voll daneben, Neuthor, Michelstadt 1989.

Christian Morgenstern (1871–1914):
(1) Herr Löffel und Frau Gabel (S. 133)
(2) Der Hecht (S. 148)
Aus: Christian Morgenstern, Werke und Briefe. Stuttgarter Ausgabe. Unter der Leitung von Reinhard Habel hrsg. von Maurice Cureau, Helmut Gumtau u.a. Bd. III: Humoristische Lyrik, Urachhaus, Stuttgart 1990.

Peter P. Neuhaus (1965):
(1) Nochmal gutgegangen (S. 81)
(2) Abendbrot mit zwei Halunken (S. 142)
In: Polo (d.i. André Poloczek, Hrsg.): Prost. Das Buch zum Bier, Lappan, Hamburg 2016 (1). die tageszeitung, 30.01.2014 (2). Mit freundlicher Genehmigung des Autors.

Hellmuth Opitz (1959):
(1) Limonade (S. 123)
(2) Die Anmacher vom Abendbrottisch (S. 156)
Aus: Hellmuth Opitz, In diesen leuchtenden Bernsteinmomenten. Gedichte, Pendragon, Bielefeld 2017.

Dirk von Petersdorff (1966):
Bierlied mit Benn (S. 102)
Aus: Dirk von Petersdorff, Die Teufel in Arezzo. Gedichte. © S. Fischer Verlag GmbH, Frankfurt am Main 2004

Bernd Pfarr (1958–2004):
Das Nashorn (S. 116)
In: Das große Nashornbuch. Hrsg. von Werner Vaudlet und den Nashorn-Schülern, dtv, München 2001.

Matthias Politycki (1955):
(1) Der Bierschiss (S. 12)8
(2) Ode an das Müsli (S. 166)
Aus: Matthias Politycki, Sämtliche Gedichte 2017–1987. © 2018 by Hoffmann und Campe Verlag, Hamburg.

Rainer Maria Rilke (1975–1926):
Voller Apfel, Birne und Banane (S. 173)
Aus: Rainer Maria Rilke, Sämtliche Werke in 12 Bänden. Hrsg. vom Rilke-Archiv, in Verbindung mit Ruth Sieber-Rilke, besorgt durch Ernst Zinn. Bd. 2. Insel, Frankfurt a. M 1955.

Joachim Ringelnatz (1883–1934):
(1) Rezept (S. 17)
(2) Freundschaft (S. 45)
(3) Guter Rausch (S. 110)
(4) Frucht – Zucht – Frucht (S. 174)
Aus: Joachim Ringelnatz, Das Gesamtwerk in sieben Bänden. Bd. I / Gedichte I. Hrsg. von Walter Pape, Diogenes Verlag AG, Zürich 1994.

Hendrik Rost (1969):
Pflaumen (S. 164)
In: Lyrik von jetzt. Hrsg. von Björn Kuhligk und Jan Wagner, DuMont, Köln 2003. Mit freundlicher Genehmigung des Autors.

Eugen Roth (1895–1976):
Das Schnitzel (S. 13)
Aus: Eugen Roth, Sämtliche Werke. Erster Band.: Heitere Verse, Hanser, München/Wien 1977.

Peter Rühmkorf (1929):
(1) Im Vollbesitz seiner Zweifel (S. 42)
(2) Duocentenarperformance Intercity »Heinrich Heine« 93
Aus: Peter Rühmkorf, Gedichte – Werke 1. Herausgegeben von Bernd Rauschenbach. © 2000 Rowohlt Verlag GmbH, Reinbek

bei Hamburg (1). Peter Rühmkorf, Wenn – aber dann. Vorletzte Gedichte. © 1999 Rowohlt Verlag GmbH, Reinbek bei Hamburg (2).

Àxel Sanjosé (1960):
(1) Lauch (S. 67)
(2) Endivien (S. 94)
In: Titanic. Das endgültige Satire-Magazin. 5/2003 (1). Peter P. Neuhaus (Hrsg.): Der große Dinggang. Ein Preis für komische Lyrik. Das Beste vom Guten 2017, Eigenverlag, Menden 2017 (2). Mit freundlicher Genehmigung des Autors.

Philip Saß (1988)
Rosenkohl (S. 68)
Erstveröffentlichung; mit freundlicher Genehmigung des Autors.

Paul Scheerbart (1863–1915):
Ein Säufertraum (S. 113)
Aus: Paul Scheerbart, Katerpoesie, Mopsiade und andere Gedichte. Hrsg. von Michael Matthias Schardt, Reclam, Stuttgart 1990.

Sabine Scho (1970):
hummer (S. 146)
In: Sabine Scho/Andreas Töpfer: The Origin of Senses, Museum für Naturkunde, Berlin 2015.

Kurt Schwitters (1887–1948):
Kaffeeklatsch (S. 122)
Aus: Kurt Schwitters, Das literarische Werk. Hrsg. von Friedhelm Lach. Bd. I: Lyrik, DuMont, Köln 1973.

Ludwig Thoma (1867–1921):
Tischreden (S. 140)
Aus: Ludwig Thoma, Gesammelte Werke. Zweiter Band. Langen-Müller, München 1932.

Marco Tschirpke (1975):
Kost und Logis (S. 46)
Aus: Marco Tschirpke, Gedichte. Band 1. VAT, Mainz 2012.

Jan Wagner (1971):
(1) tomaten (S. 71)
(2) teebeutel (S. 112)
Aus: Jan Wagner, Selbstporträt mit Bienenschwarm, Hanser Berlin, Berlin 2007.

Robert Walser (1878–1956):
Ein Glas Bier (S. 104)
Aus: Robert Walser, Sämtliche Werke in Einzelausgaben. Herausgegeben von Jochen Greven. Band 13: Die Gedichte. Mit freundlicher Genehmigung der Robert Walser-Stiftung, Bern. © Suhrkamp Verlag Zürich 1978 und 1985.

Frank Wedekind (1864–1918):
Altes Lied (S. 141)
Aus: Frank Wedekind, Werke in zwei Bänden. Bd. I. Hrsg. von Erhard Weidl, Winkler, München 1990.

Ror Wolf (1932):
(1) das ende des mondes (aus: Hans Waldmanns Abenteuer. Erste Folge) (S. 55)
(2) Gemüsegedicht (S. 62)
(3) Dünste und Gerüche im Hotel (S. 86)
Aus: Ror Wolf, Im Zustand vergrößerter Ruhe. Hrsg. von Friedmar Apel. Schöffling & Co Verlagsbuchhandlung GmbH, Frankfurt a.M. 2009. (1, 2). R.W.: Die Gedichte, Schöffling & Co Verlagsbuchhandlung GmbH, Frankfurt a.M. 2017 (3).

Carl Zuckmayer (1896–1977):
Das Essen (S. 36)
Aus: Carl Zuckmayer, Abschied und Wiederkehr. Gedichte 1917–1976. © S. Fischer Verlag GmbH, Frankfurt am Main 1997

Autorinnen und Autoren

BERTHOLD BELL, geb. 1948 in Bell/Eifel, lebt in Köln. Seit seinem
Studium der Angewandten Kunst ist er nach eigener Auskunft
»mehr oder minder tätig«, beispielsweise als »Grafik-Designer,
Cartoonist, Filmkritiker, Gagschreiber, Werbefuzzi, Nichtrau-
cher, Schluckspecht, Fahrgast, Klugscheißer, Funkenmarie-
chen« u.a.

GOTTFRIED BENN, geb. 1886 in Mansfeld/Brandenburg, gest.
1956 in Berlin. Lyriker und Essayist; praktizierender Medizi-
ner (Haut- und Geschlechtskrankheiten). Benn fand, dass »in
der Lyrik das Mittelmäßige schlechthin unerlaubt und uner-
träglich« sei, schrieb aber auch: »Ein Schlager von Klasse
enthält unter Umständen mehr Jahrhundert als eine Motette.«

F. W. BERNSTEIN, geb. 1938 als Fritz Weigle in Göppingen.
Zeichner, Lyriker, (Kurz-)Prosaist, emeritierter Professor für
Karikatur und Bildgeschichte an der Berliner Hochschule der
Künste. Gründungsmitglied und neben Gernhardt zweiter
lyrischer Großmeister der Neuen Frankfurter Schule. Poeto-
logisches Motto: »Immer den Sinn schön flachhalten.«

OTTO JULIUS BIERBAUM, geb. 1865 in Grünberg/Schlesien, gest.
1910 in Dresden. Lyriker, Epiker, Journalist, Librettist. Schöp-
fer des vielzitierten Diktums: »Humor ist, wenn man trotzdem
lacht«, das Sigismund von Radecki mit dem Ausspruch
variierte: »Deutscher Humor ist, wenn man trotzdem nicht
lacht.«

SIMON BOROWIAK, geb. 1964 als Simone B. in Frankfurt a. M.,
lebt in Hamburg. Epiker, Sachbuchautor, Lyriker. Zeitweilig
Redakteur(in) der Satirezeitschrift *Titanic*. Vorwiegend als
Romancier bekannt (*Frau Rettich, die Czerni und ich*); legendär
sind aber auch seine lyrischen Nachrufe auf Hessisch.

NORA BOSSONG, geb. 1982 in Bremen, lebt in Berlin. Lyrikerin
und Epikerin. Trägerin u.a. des Peter-Huchel-Preises. Katrin
Schuster lobt ihren Gedichtband *Sommer vor den Mauern* mit

einem Zitat aus ebendiesem: Es sei tatsächlich »unfassbar / wie weit man bisweilen mit Worten reicht.«

BASTIAN BÖTTCHER, geb. 1974 in Bremen, lebt in Berlin. Lyriker, Poetry-Slammer, Epiker. Gewinner der 1997 ausgetragenen ersten deutschen Poetry-Slam-Meisterschaft. Böttcher produziert auch digitale Poesie und Poetry Clips.

CLAUDIA BRÄUTIGAM, geb. 1956 in Ebingen, lebt in Bremen. Chemielaborantin und Lyrikerin. Moderatorin in einem deutschsprachigen Gedichteforum.

BERTOLT BRECHT, geb. 1898 in Augsburg, gest. 1955 in Berlin. Dramatiker, Lyriker, Epiker, Literatur- und Theatertheoretiker; Erfinder des »V-Effekts«. Meistgespielter (an deutschen Bühnen) und meistdurchgenommener (im schulischen Deutschunterricht) deutscher Autor des 20. Jahrhunderts.

HERMANN BROCH, geb. 1886 in Wien, gest. 1941 in New Haven, Connecticut. Epiker, Dramatiker, Lyriker. Ursprünglich Textilingenieur; später vielgerühmter Klassiker der literarischen Moderne, u.a. Wegbereiter des »Inneren Monologs«. Neben poetischen auch essayistisch-philosophische Arbeiten.

WILHELM BUSCH, geb. 1932 als Heinrich Christian Wilhelm B. in Wiedensahl, gest. 1908 in Mechtshausen. Zeichner, Maler, Lyriker, Epiker. Einflussreichster Pionier und Klassiker der Bild-Vers-Erzählung sowie des komischen deutschsprachigen Gedichts. Egon Friedell über Busch: »Er ist die personifizierte Vollkommenheit; und man kann das eigentlich bloß konstatieren.«

MATTHIAS CLAUDIUS, geb. 1740 in Reinfeld/Holstein, gest. 1815 in Hamburg. Lyriker, Kurzprosaist und Journalist. Anfang der 1770er Jahre Redakteur der Zeitung »Der Wandsbecker Bothe«, deren Titel Claudius auch nach dem Ende des Blattes als Signum beibehielt. Größter lyrischer Evergreen: *Abendlied* (»Der Mond ist aufgegangen«).

HEINRICH DETERING, geb. 1959 in Neumünster. Professor für Neuere Deutsche Literatur an der Universität Göttingen, Lyriker und Übersetzer. Als Literaturwissenschaftler Spezialist u.a. für Theodor Storm, Hans-Christian Andersen und Thomas Mann; befasst sich aber auch mit bis dato eher zunftfernen

Forschungsgegenständen wie Bob Dylan, Elvis Presley und Heinz Erhardt.

ALEX DREPPEC, geb. 1968 in Jugenheim, lebt in Darmstadt. Lyriker, Poetry-Slammer, Essayist und Kurzprosaist; promovierter Psychologe. Träger des Wilhelm-Busch-Preises, Erfinder des Science Slam und einer Salat- sowie einer Obstsalatsoße (die Rezepte stehen in seinem Gedichtband *Glasaugenstern*).

WIGLAF DROSTE, geb. 1961 in Herford, lebt in Leipzig. Satiriker, Kritiker, Lyriker, Sänger. Passionierter Kulinariker; gab gemeinsam mit dem Stuttgarter Meisterkoch Vincent Klink die legendäre Zeitschrift »Häuptling Eigener Herd« heraus. Beendet seine exquisiten Lesungen und Konzerte gerne mit einem anmutigen Radschlag.

FRITZ ECKENGA, geb. 1955 in Bochum, lebt in Dortmund. Komischer Lyriker, Kabarettist und Radiokomödiant; Gründungsmitglied des Rockmusik-Theater-Ensembles N8chtschicht. Sein bisher wohl größter Hit: das Gedicht *Der Wein war ein Gedicht*, das auch Harry Rowohlt gerne mit Betonung vorlas.

GÜNTER EICH, geb. 1907 in Lebus, gest. 1972 in Salzburg. Lyriker, Hörspielautor, Kurzprosaist. In der Nachkriegszeit Exponent der »Trümmerliteratur«; Mitglied der Gruppe 47; u.a. Büchner-Preisträger. Eichs Gedicht *Inventur* (»Dies ist meine Mütze / dies ist mein Mantel«) avancierte zum Lesebuchklassiker.

HANS MAGNUS ENZENSBERGER, geb. 1929 in Kaufbeuren, lebt in München. Lyriker, Essayist, Übersetzer, Germanist, Herausgeber. Enzensberger in seinem Gedicht *Fliegender Robert*: »Eskapismus, ruft ihr mir zu / vorwurfsvoll. / Was denn sonst, antworte ich / bei diesem Sauwetter!, / spanne den Regenschirm auf / und erhebe mich in die Lüfte.«

HEINZ ERHARDT, geb. 1909 in Riga, gest. 1979 in Hamburg. Lyriker, Komiker, Filmschauspieler und Musiker. Heinrich Detering über Erhardt: »Hier, in der Sprachkomik, gibt es wirklich, getreu seiner Maxime, kein Äußerstes mehr, zu dem er nicht entschlossen gewesen wäre, und keine Lauer, auf der er nicht gelegen hätte.«

THEODOR FONTANE, geb. 1819 in Neuruppin, gest. 1898 in Berlin.

Journalist, Kritiker, Lyriker; als Erzähler renommiertester Vertreter des deutschsprachigen Poetischen Realismus. In frühen Jahren Autor populärer Balladen (*Gorm Grymme*), später lakonisch-nüchterner Gedankendichtung. Größter lyrischer Evergreen: *Herr von Ribbeck auf Ribbeck im Havelland.*

PETER GAN, geb. 1894 als Richard Möhring in Hamburg, gest. 1974 ebenda. Lyriker, Essayist, Übersetzer und Verlagslektor. Max Rychner über den Autor: »Es ist kein Zweifel, dass Peter Gan die heitersten, lustigsten Gedichte seit Morgenstern geschrieben hat, sprühende und knisternde Gebilde, in denen die Erdenschwere zauberisch aufgehoben erscheint.«

ROBERT GERNHARDT, geb. 1937 in Reval/Estland, gest. 2006 in Frankfurt a.M. Lyriker, Epiker, Zeichner, Maler. Gründungsmitglied und vielfach ausgezeichneter Großmeister der Neuen Frankfurter Schule. Eckhard Henscheid in seinem Roman *Die Vollidioten*: »Herr Gernhardt gilt überhaupt als der vielleicht Klügste von uns.«

MAX GOLDT, geb. 1958 als Matthias Ernst in Weede, lebt in Berlin. Kurzprosaist, Songtexter und Musiker. Nobilitierte die Kolumne zur literarischen Form; renommierter Vorleser, Texter des Comic-Duos Katz und Goldt. Träger u.a des Kleist-Preises. Selbstcharakterisierung: »Ich bin in manchen Fragen ein kleines bisschen majestätisch.«

THOMAS GSELLA, geb. 1958 in Essen, lebt als freier Autor in Aschaffenburg. Produktivster komischer Lyriker der jüngeren Generation; erhielt 2004 via Ringelnatz-Nachwuchspreis den persönlichen Ritterschlag Robert Gernhardts, 2011 dann passenderweise auch den Robert-Gernhardt-Preis. Ehemaliger Chefredakteur der Satirezeitschrift *Titanic*; Mitglied der Titanic Boy Group.

ULLA HAHN, geb. 1945 in Brachthausen (heute Kirchhundem)/ Sauerland, lebt in Hamburg. Vielfach ausgezeichnete Lyrikerin und Epikerin. Ausgebildete Bürokauffrau, promovierte Germanistin. In ihrem Gedicht *Ars poetica* heißt es: »Danke ich brauche keine neuen / Formen ich stehe auf / festen Versesfüßen und alten / Normen [...]«

FERDINAND HARDEKOPF, geb. 1876 in Varel, gest. 1954 in Zürich.

Lyriker, Kritiker, Übersetzer und bekennender Morphinist. Von zeitgenössischen Autorenkollegen hochgeschätzter, stilbildender Expressionist; gleichwohl wenig kanonisiert. Der nachgeborene Thomas Kling rühmt die »sprachlich wie psychologisch durchgefeiltesten (das merkt man nicht!) Szenerien« seiner »hochwertigsten Lyrik«.

LUDWIG HARIG, geb. 1927 in Sulzbach/Saar, gest. 2018. Lyriker, Epiker, Hörspielautor, Übersetzer. Ursprünglich Volksschullehrer, später freier Autor. In früheren Jahren Vertreter der Konkreten Poesie; das Spätwerk tendiert eher zu traditionellen Formen, so etwa die Fußballsonette.

HARALD HARTUNG, geb. 1932 in Herne, lebt in Berlin. Lyriker, Literaturwissenschaftler, Kritiker, Anthologist. Bis zu seiner Emeritierung (1998) Professor für deutsche Sprache und Literatur an der Technischen Universität Berlin. »Hartungs Humor«, so Herbert Wiesner, »ist eine ästhetische Qualität seiner Gedichte.«

HEINRICH HEINE, geb. 1797 in Düsseldorf, gest. 1856 in Paris. Lyriker und Prosaist. Ehedem einer der umstrittensten, heute einer der unumstrittensten deutschen Literaturklassiker. Heine über seine Poetik: »Seitdem es nicht mehr Sitte ist, einen Degen an der Seite zu tragen, ist es durchaus nötig, dass man Witz im Kopfe habe.«

MAX HERRMANN-NEISSE, geb. 1886 als Max Herrmann in Neiße/Schlesien, gest. 1941 in London. Lyriker, Epiker, Dramatiker, Kritiker; exponierter Vertreter des Expressionismus. In seiner frühen Lyrik versuchte er nach eigener Aussage, das »Leiden unter meinem körperhaften Missgeschick und unter der üblichen Brutalität meiner Mitschüler gegen den wehrlosen Buckligen« zu verarbeiten.

FRIEDRICH HOLLAENDER, geb. 1896 in London, gest. 1976 in München. Revue- und Filmkomponist, Kabarettist, Liedtexter. Legendärer Exponent des Berliner Theaterlebens der 1920er Jahre; vertonte später in Hollywood u.a. Filme von Ernst Lubitsch und Billy Wilder. Bekanntester Hit: *Ich bin von Kopf bis Fuß auf Liebe eingestellt.*

Gunnar Homann, geb. 1964 in Mannheim. Satirischer Lyriker und Kurzprosaist. Der studierte Sportwissenschaftler ist Redakteur bei dem Magazin »outdoor« und schreibt u.a. für die *Titanic*. Träger des Großen Dinggangs (Mendener Preis für komische Lyrik).

Steffen Jacobs, geb. 1968 in Düsseldorf, lebt in Berlin. Lyriker, Essayist, Übersetzer und Anthologist. Martin Mosebach über den Autor: »Seine Verse haben kein Fett, keinen Zucker. Sie sind flüssig und zivilisiert.«

Otto Jägersberg, geb. 1942 in Hiltrup, lebt in Baden Baden. Lyriker, Epiker, Drehbuchautor und Filmemacher. Zwischenzeitlich Buchhändler und WDR-Redakteur; Träger des Literaturpreises der Landeshauptstadt Stuttgart.

Ernst Jandl, geb. 1925 in Wien, gest. 2000 ebenda. Lyriker, Hörspielautor, Dramatiker, Übersetzer; promovierter Germanist, Klassiker der Konkreten Poesie. Jandl nennt seine Lyrik eine Sache, »die die leute anschauen und über die sich die einen freuen und die andern ärgern, und die zu nichts sonst da ist«.

Erich Kästner, geb. 1899 in Dresden, gest. 1974 in München. Lyriker, Romancier, Kabarettist, Kinder- und Drehbuchautor. Klassiker der Neuen Sachlichkeit. Friedrich Dürrenmatt über den Autor: »Kästner gehört dem Stammbaum der unvernebelten Deutschen an, doch im allgemeinen liebt diese Nation die Leichtigkeit nicht sonderlich, sie ist ihr etwas Anrüchiges, sie zieht das Schwere vor.«

Mascha Kaléko, geb. 1907 als Golda Malka Aufen in Chrzanów (Österreich-Ungarn, heute Polen), gest. 1975 in Zürich. Einzige prominente Lyrikerin der Neuen Sachlichkeit; wurde gelegentlich als »weiblicher Ringelnatz bzw. Kästner« bezeichnet. Der Philosoph Martin Heidegger schrieb ihr mit Blick auf ihre Gedichte, sie wisse alles, »was Sterblichen zu wissen gegeben.«

Robert Koall, geb. 1972 in Köln, lebt in Düsseldorf. Chefdramaturg und stellvertretender Generalintendant des Düsseldorfer Schauspielhauses; Mitglied der Sächsischen Akademie der

Künste. Hat zahlreiche Romane für die Bühne bearbeitet, darunter Aldous Huxleys *Schöne neue Welt* und Wolfgang Herrndorfs *Tschick*.

BARBARA KÖHLER, geb. 1959 in Burgstädt, lebt in Duisburg. Lyrikerin, Prosaistin, Essayistin, Übersetzerin. Trägerin u.a. des Ringelnatz-, Huchel- und Ernst-Meister-Preises. Unter ihren späteren Arbeiten finden sich verstärkt auch Textinstallationen.

HELMUT KRAUSSER, geb. 1964 in Esslingen am Neckar, lebt in Rom und Potsdam. Erzähler, Lyriker, Dramatiker, Komponist, Schach- und Backgammonspieler. Krausser über Lyrik: »Wenn ich mir über einen mir bis dato unbekannten Autor ein Bild machen will, dann greife ich immer zuerst zu einem Gedichtband. Da trennt sich in der Regel die Spreu vom Weizen.«

MICHAEL KRÜGER, geb. 1943 in Wittgendorf, lebt in München. Lyriker, Epiker, Übersetzer, Verleger. Langjähriger Lektor, später literarischer Leiter, dann Geschäftsführer des Carl Hanser Verlags. Seit 2013 Präsident der Bayerischen Akademie der Schönen Künste.

KATJA LANGE-MÜLLER, geb. 1951 in Berlin-Lichtenberg, lebt in Berlin und in der Schweiz. Erzählerin überwiegend satirisch-humoristischer Diktion. Diverse Auszeichnungen, u.a. Kasseler Literaturpreis für grotesken Humor, Wilhelm-Raabe-Literaturpreis, Kleist-Preis.

HANS LEIP, geb. 1893 in Hamburg, gest. in Fruthwilen (Kanton Thurgau). Epiker, Lyriker, Dramatiker und Drehbuchautor. Begann als Expressionist, schrieb später populäre, meist nautische Erzählprosa. Berühmt vor allem als Textautor des Welthits *Lili Marleen*.

DAGMAR LEUPOLD, geb. 1955 in Niederlahnstein, lebt in München. Lyrikerin, Epikerin, Übersetzerin. Trägerin u.a. des Aspekte- sowie des Georg-Glaser-Preises. Die promovierte Literaturwissenschaftlerin leitet das Studio Literatur und Theater der Universität Tübingen und ist geschäftsführende Vorsitzende des Deutschen Literaturfonds.

ALFRED LICHTENSTEIN, geb. 1889 in Berlin-Wilmersdorf, gest.

1914 bei Vermandovillers, Somme (Frankreich). Lyriker zwischen Expressionismus, Großstadt- und Kabarettdichtung, auch Prosaist. In Walther Killys Literaturlexikon wird sein Stil als »offenbar humorvoll« charakterisiert.

CHRISTIAN MAINTZ, geb. 1958 in Hamburg, lebt ebenda. Lyriker, Literatur- und Medienwissenschaftler. Rainer Moritz über den Autor: »Deutschland ist nicht reich gesegnet mit komischen Schriftstellern, und Christian Maintz ist ein solcher.«

MANKE, geb. 1949, laut Klappentext seines Gedichtbandes *Voll daneben* »Frankfurter Kiezpoet (Ostend) mit nicht endgültig geklärter Identität«. Der Text ergänzt: »Quelle und Leitmotiv seiner Reimkunst: ‚Saufen und Schweigen ist das Schwerste, das dem Menschen kann aufgegeben werden.‘»

CHRISTIAN MORGENSTERN, geb. 1871 in München, gest. 1914 in Meran. Lyriker, Aphoristiker, Übersetzer. Klassischer deutscher Großmeister des sprachspielerisch-komischen Gedichts. Kurt Tucholsky über Morgenstern: »Man lacht sich krumm, bewundert hinterher, ernster geworden, eine tiefe Lyrik, die nur im letzten Augenblick ins Spaßhafte abgedreht ist.«

PETER P. NEUHAUS, geb. 1965 in Menden, lebt ebenda. Grafiker, Zeichner und komischer Lyriker, schreibt u.a. für die *taz*-Wahrheit. Begründer und Zeremonienmeister des Großen Dinggangs, eines in Menden verliehenen Preises für humoristische Lyrik.

HELLMUTH OPITZ, geb. 1959 in Bielefeld, lebt ebenda. Lyriker, Prosaist, Kritiker, Musiker; Geschäftsführer einer Werbeagentur. Träger u.a. des Menantes-Preises für erotische Dichtung. Anton G. Leitner über den Autor: »Einer der besten Liebeslyriker, die es in Deutschland gibt.«

DIRK VON PETERSDORFF, geb. 1966 in Kiel. Lyriker, Essayist, Professor für Neuere Deutsche Literatur an der Friedrich-Schiller-Universität Jena. U.a. Hebbel- und Kleist-Preisträger. Ob der Autor ein »Pop-Lyriker oder ein Neuromantiker« sei, fragt Harald Hartung und antwortet: »Er ist beides zugleich und doch ein Solitär.«

BERND PFARR, geb. 1958 in Frankfurt a.M., gest. 2004 in Köln.

Komischer Maler und Zeichner; Schöpfer des Büroangestell-
ten Sondermann, Sammler von Spielzeugautos. Der Künstler
über seine Poetik: »Die Realität ist lebensfeindlich und phan-
tasielos. Dewegen finde ich die Unvernunft häufig ausgespro-
chen anregend und komisch und lebenswert.«

MATTHIAS POLITYCKI, geb. 1955 in Karlsruhe, lebt in Hamburg
und München. Germanist, Lyriker, Romancier und Essayist.
Hellmuth Opitz über den Autor: »Er zeigt [...] allen poeti-
schen Archivverwaltern und betulichen Sprachbastlern, die uns
Gedichte als lyrischen Mürbezwieback verkaufen wollen, was
eine Harke ist.«

RAINER MARIA RILKE, geb. 1875 als René Karl Wilhelm Johann
Josef Maria R. in Prag, gest. 1926 bei Montreux. Lyriker, Er-
zähler, Essayist und Übersetzer. Vertreter des Symbolismus,
Erfinder des Dinggedichts; schrieb mit *Der Panther* das wohl
populärste deutschsprachige Gedicht des 20. Jahrhunderts.

JOACHIM RINGELNATZ, geb. 1883 in Wurzen, gest. 1934 in Berlin.
Lyriker, Epiker, Rezitator und Maler. Neben Busch und Mor-
genstern der dritte klassische Großmeister der deutschsprachi-
gen komischen Dichtung. Peter Rühmkorf über seine
lyrischen Vorbilder Benn und Ringelnatz: »Vor Gottfried
Benn steh ich stramm, aber vor Ringelnatz knie ich.«

HENDRIK ROST, geb. 1969 in Burgsteinfurt, lebt in Hamburg.
Lyriker, Essayist, Übersetzer, Lektor. Wurde u.a. mit dem Cle-
mens-Brentano-Preis und dem Dresdner Lyrikpreis ausge-
zeichnet. Richard Kämmerlings nennt ihn einen »Archäologen
der Wahrnehmung«.

EUGEN ROTH, geb. 1895 in München, gest. 1976 ebenda. Lyriker,
Epiker, Essayist, Germanist. Sein Freund Klabund nannte
ihn »eine Hoffnung auf ein kommendes Gestirn«; Konrad Lo-
renz stellte ihm anlässlich seines Bandes *Eugen Roths Tierleben
für jung und alt* eine »poetische Lizenz für Naturkundliches«
aus.

PETER RÜHMKORF, geb. 1929 in Dortmund, gest. 2008 in Rose-
burg. Eminenter deutscher Nachkriegslyriker und Reimvir-
tuose, zudem erstrangiger Essayist und Märchendichter. Eine

Maxime des Autors: »Wer nicht lieber lebt als schreibt, kann das Dichten auch ganz aufgeben«.

Àxel Sanjosé, geb. 1960 in Barcelona, lebt in München. Lyriker und Übersetzer katalanischer und spanischer Lyrik, arbeitet hauptberuflich in einem Designbüro. Lehrbeauftragter am Institut für Komparatistik der Ludwig Maximilians Universität München.

Phillip Sass, geb. 1988 in Kiel, lebt in Dänischenhagen. Komischer Lyriker mit einer Vorliebe für den gespaltenen Reim, dem er auch seine literaturwissenschaftliche Masterarbeit widmete. Schreibt u.a. für die *Titanic*; betreibt einen Lyrik-Blog (dasgedichtderherrschendenklasse).

Paul Scheerbart, geb. 1863 in Danzig, gest. 1915 in Berlin. Lyriker, Dramatiker, Zeichner, Kritiker. Literarisch solipsistischer, gleichwohl einflussreicher Utopist und Humorist. Scheerbarts Verleger Ernst Rowohlt zitierte gerne dessen Verse »Charakter ist nur Eigensinn. / Es lebe die Zigeunerin.«

Sabine Scho, geb. 1970 in Ochtrup, lebt in Berlin. Lyrikerin und (Kurz-)Prosaistin; ihre Arbeiten sind vielfach im Grenzbereich zu Fotografie und Bild angesiedelt. Trägerin u.a. des Leonce-und-Lena- sowie des Anke Bennholdt-Thomsen-Lyrikpreises.

Kurt Schwitters, geb. 1887 in Hannover, gest. 1948 in Ambleside (Nordengland). Maler, Autor, Grafiker, Installationskünstler zwischen Dadaismus, Konstruktivismus und Surrealismus. Sein *Merz*-Collage-Projekt bezeichnete er als »absolut individuellen Hut, der nur auf einen einzigen Kopf« passe: den Schwitterschen.

Ludwig Thoma, geb. 1867 in Oberammergau, gest. 1921 in Rottach am Tegernsee. Epiker, Lyriker, Dramatiker; Rechtsanwalt, langjähriger Chefredakteur des *Simplizissimus*. Nach seiner »Wende« in späten Jahren auch Verfasser nationalistischer und antisemitischer Hetzartikel, was seinen früheren Verehrer Kurt Tucholsky zu dem Ausruf »Welch ein Spießer!« veranlasste.

Marco Tschirpke, geb. 1975 in Rathenow/Havel, lebt in Berlin. Lyriker, Kabarettist, Komponist, Pianist. Einen Schwerpunkt seiner Arbeit sieht Tschirpke »in der Vertonung der Gedichte von Peter Hacks und in der Nichtvertonung der Gedichte von Günter Grass«.

JAN WAGNER, geb. 1971 in Hamburg, lebt in Berlin. Lyriker, Essayist, Übersetzer. Wagner ist – als erster Lyriker – Träger des Preises der Leipziger Buchmesse sowie u.a. des Büchner-Preises. Christian Metz über Wagners Band *Regentonnenvariationen*: »Wagners Gedichte sind Sehstücke, Beobachtungsepiphanien von Gegenständen, die eine genaue poetische Betrachtung einfordern.«

ROBERT WALSER, geb. 1878 in Biel, gest. 1956 nahe Herisau/Kanton Appenzell Außerrhoden. Lyriker und Epiker. Walsers scheinbar naiv-ziellose Diktion inspirierte diverse literarische Zeitgenossen. So schrieb Musil über Kafkas *Betrachtungen*, das Buch wirke »wie ein Spezialfall des Typus Walser«. Zu Walsers nachgeborenen Bewunderern zählen u.a. Martin Walser, Ror Wolf und Max Goldt.

FRANK WEDEKIND, geb. 1864 als Benjamin Franklin W. in Hannover, gest. 1918 in München. Dramatiker, Lyriker, Epiker, Schauspieler. Einer der wenigen Erotiker der deutschen Literatur. Joachim Ringelnatz über den Autor: »Wedekind war immer interessant, / Ein Stoßhorn in die hässlich mittlere Welt.«

ROR WOLF, geb. 1932 in Saalfeld/Saale, lebt in Mainz. Prosaist, Hörspielautor, Lyriker, Collagist. Hielt auch während der 1950er und -60er Jahre, als sie weithin verpönt war, an der Reimdichtung fest. Brigitte Kronauer über den Autor: »Man kann Ror Wolfs Bücher überall aufschlagen: Die Welt wird besser!«

CARL ZUCKMAYER, geb. 1896 in Nackenheim/Rheinhessen, gest. 1977 in Visp/Schweiz. Dramatiker, Lyriker, Epiker. Marcel Reich-Ranicki schrieb, Zuckmayer habe stilistisch wie ideologisch »oft zwischen allen Stühlen« gesessen: »Das jedoch ist für einen Schriftsteller kein schlechter Platz.«

Danksagung und Zusätze

Der Herausgeber dankt allen Autorinnen und Autoren sowie Rechteinhabern herzlich für die gute Zusammenarbeit. Sein Dank gilt auch dem wie immer herausragend ideenreichen, kooperativen und geduldigen Team des Hauses Antje Kunstmann.

*

Dem Wunsch einiger Autoren bzw. Rechteinhaber entsprechend, werden die jeweiligen Gedichte (von Robert Gernhardt, Peter Rühmkorf und Carl Zuckmayer) in der älteren deutschen Rechtschreibung wiedergegeben.

*

Anmerkungen von Sabine Scho zu ihrem Gedicht *hummer* (S. 146)

Projekt Hummerschere war ein Großprojekt der Nationalsozialisten, das über die Vorarbeiten nicht hinaus kam. Man beabsichtigte einen Seehafen auf Helgoland anzulegen, der die gesamte deutsche Marineflotte aufnehmen sollte.
Als Nozizeption bezeichnet man die Fähigkeit eines Lebewesens, Schmerzen zu empfinden. Schmerzen, die mit der Schädigung lebenden Gewebes einhergehen, werden als unangenehmes und bedrohliche Sinnes- und Gefühlserlebnis vom Organismus registriert. Um Schmerz zu spüren, bedarf es schmerzleitender Rezeptoren, die chemische und physikalische Reize in neuronale Informationen wandeln.
Hummer reagieren auf Schläge oder Elektroschocks mit Vermeidungsverhalten, sie lernen beispielsweise der Höhle fernzubleiben, in der sie ihnen ausgesetzt waren und kriechen daraufhin in eine andere. Es wäre unsinnig anzunehmen, dass Hummer, die in ihrem Verhalten Verteidigungs- und Fluchtstrategien entwickelt

haben, also für ihre eigene Unversehrtheit Sorge tragen, nicht über das körpereigene Warnsystem, Schmerz zu empfinden, verfügen. Das Nervensystem von Hummern weist wie bei Säugetieren Opioidrezeptoren auf, die Schmerz leiten. Ebenso sprechen sie auf die Gabe von Opioidantagonisten, also Schmerzmittel, an. Sie spüren also sehr wohl Schmerzen.

Hummer haben auch eine Lieblingsschere, sind entweder Links- oder Rechtshänder. Ihr Tranchierbesteck ist auf beiden Seiten unterschiedlich ausgebildet. Sie besitzen eine eher schneidende und eine eher fixierende »Hand«.

Aus: Sabine Scho/Andreas Töpfer: The Origin of Senses.
Museum für Naturkunde Berlin 2015.

Verzeichnis der Gedichttitel und -anfänge